Faça seu CÉREBRO trabalhar para VOCÊ

CARO LEITOR,

Queremos saber sua opinião sobre nossos livros. Após a leitura, curta-nos no facebook/editoragentebr, siga-nos no Twitter @EditoraGente e visite-nos no site www.editoragente.com.br. Cadastre-se e contribua com sugestões, críticas ou elogios.

Boa leitura!

RENATO ALVES

Faça seu CÉREBRO trabalhar para VOCÊ

Torne sua memória mais rápida e precisa e mantenha a mente produtiva a vida toda

GERENTE EDITORIAL
Alessandra J. Gelman Ruiz

EDITORA DE PRODUÇÃO EDITORIAL
Rosângela de Araujo Pinheiro Barbosa

CONTROLE DE PRODUÇÃO
Fábio Esteves

PREPARAÇÃO
Sandra Martha Dolinsky

PROJETO GRÁFICO E DIAGRAMAÇÃO
Esper Leon | Nhambikwara Editoração

REVISÃO
Salete Milanesi Brentan

CAPA
Miriam Lerner

IMAGEM DE CAPA
iStockphoto

IMPRESSÃO
Gráfica Rettec

Copyright © 2013 by Renato Alves

Todos os direitos desta edição são reservados à Editora Gente.

Rua Natingui, 379 – Vila Madalena
São Paulo, SP – CEP 05443-000
Telefone: (11) 3670-2500
Site: http://www.editoragente.com.br
E-mail: editoragente@editoragente.com.br

Dados Internacionais de Catalogação na Publicação (CIP)
(Câmara Brasileira do Livro, SP, Brasil)

Alves, Renato
 Faça seu cérebro trabalhar para você: torne sua memória mais rápida e precisa e mantenha a mente produtiva a vida toda / Renato Alves. – São Paulo: Editora Gente, 2022.

ISBN 978-85-7312-821-5

1. Memória – Treinamento 2. Memória – Treinamento – Técnicas I. Título.

12-14757 CDD-153.14

Índice para catálogo sistemático:
1. Memória: Treinamento: Psicologia   153.14
2. Memorização: Técnicas: Psicologia   153.14
3. Mnemônica: Psicologia   153.14

Agradecimentos

Agradecer pelas experiências e pelas pessoas com as quais nos relacionamos é, sem dúvida, uma poderosa maneira de fortalecer a memória.

Lembrar os rostos, os nomes, a maneira como pessoas especiais influenciam nossa vida garante a elas um lugar privilegiado em nossos jardins mnemônicos.

Dedico esta obra a todas as pessoas que nos últimos quinze anos prestigiaram meu trabalho e a um time de profissionais que nos últimos anos estiveram semanalmente ao meu lado durante essa aventura brasileira chamada qualificação profissional e educação.

Meu muito obrigado aos empresários de evento Adauri Silveira e Cristian Cunha, da Ampla Eventos, Flávio Golfeto e Marco Said, da Corpo RH, José Rocha, da INE, José Paulo Furtado, da N Produções, Carlos Alberto, da IAPP, Elaine Ourives, da Ourives TeD, e outras dezenas de empresários e empresas que se lembraram do meu nome quando desejaram contratar um especialista em memorização.

Um agradecimento também a toda a equipe da Editora Gente pelo carinho, atenção e assessoria total neste projeto, especialmente Alessandra Ruiz e Rosely Boschini, que foram as grandes incentivadoras deste livro.

Sumário

Introdução **13**
O valor da memória 13

Capítulo 1 – Máquinas de memorizar **25**
Sedentarismo mental 26
A ansiedade de não perder nada 27
O círculo vicioso da falta de memória 30

Capítulo 2 – Por que andamos tão esquecidos? **37**
Lembrar para sobreviver 38
Memória pré-histórica 40
O conforto de não precisar pensar 42
A criptonita da memória 42
A rota do esquecimento 45
Seu estilo de vida se reflete em sua memória 48

Capítulo 3 – Os vilões da memória — 51
1 – Causas circunstanciais 52
   Quando tudo não passa de falta de organização 54
   Sob efeito da preguiça mental 54
   A fatídica má vontade 55
   A pressa é inimiga da memorização 55
   A mecânica rotina 56
   Excesso de informação 56
   A perigosa distração 57
   Maturidade: quando muita experiência atrapalha 58
2 – Causas fisiológicas 59
   Envelhecimento 60
   Mal de Alzheimer: A temida doença 61
   Um apagão chamado amnésia 61
   Má alimentação 61
   Falta de disposição física influencia as lembranças 62
   O perigoso sono insuficiente 62
   Alcoolismo e drogas que detonam a memória 63
3 – Causas psíquicas 63
   Estresse: a vida sob pressão 65
   A ansiedade que corrói 65
   Depressão: tristeza sob medida 65
   As consequências da desmotivação 66
   Toda memória é boa 66

Capítulo 4 – A chave para desenvolver sua memória — 69
   Memorizar é um processo ativo 69
   Lembrar é um mecanismo de defesa 70

O mito da memória boa ou ruim 71
A reprogramação da memória 73
A mente no presente 74
Contemplar para lembrar 75
Diálogo interno: a chave 77
Memorize primeiro, lembre depois 80
Os métodos mnemônicos 81

Capítulo 5 – O método das associações simples   **85**
Para lembrar palavras ou listas 87
Para lembrar textos ou sequências 89
Para lembrar senhas e números 91
Para lembrar nomes e fisionomias 92
Para lembrar-se de dar recados e fazer favores 94

Capítulo 6 – O método dos gatilhos de memória   **97**
Para lembrar-se de tomar um remédio no horário 98
Para lembrar-se de beber água 99
Para lembrar-se de falar com alguém 99
Para lembrar-se de realizar tarefas incomuns 99
Para lembrar-se de realizar tarefas rotineiras 100
Para lembrar-se de não deixar a chave por fora 100
Para lembrar-se de não deixar a bolsa ou carteira para trás 101
Para lembrar onde está o celular 101
Para lembrar onde colocou os óculos 102
Para lembrar onde colocou as chaves 102
Para lembrar-se de pegar de volta o cartão de pagamento 103
Para lembrar onde pôs o *pen drive* 103

Para lembrar-se de devolver algo que tomou emprestado 104
Para lembrar para quem emprestou algo 104
Para lembrar onde estão os documentos 105
Para lembrar-se de apagar as luzes 105
Para lembrar-se de desligar a TV 106
Para lembrar-se de usar o cinto de segurança 106
Para lembrar trajetos e lugares 107
Para lembrar-se de acionar o alarme do carro ou da casa 108
Para lembrar onde deixou o carro 108
Para lembrar-se de fechar as janelas 109
Para lembrar onde escondeu um objeto 109
Para lembrar-se de agradecer a alguém 110

Capítulo 7 – O método das memórias externas   **113**

Para lembrar datas de aniversários 114
Para lembrar compromissos 115
Para lembrar-se de pagar contas e receber pagamentos 116
Para lembrar números de telefones 117
Para lembrar-se de telefonar para alguém 118
Para lembrar todas as etapas de uma tarefa 118

Capítulo 8 – Memória quinhentas vezes melhor   **121**

Multiplique a potência de sua memória 122
Suas crenças moldam sua memória 124
Acredite e confie em você 126
Previna-se para esquecer menos 128
Decida o que entra em sua memória 129

Capítulo 9 – Mantenha em alta seu poder de memorizar   133

Ensine mais para lembrar mais 134
Faça perguntas e seja curioso 134
Converse com sua memória 135
Descomplique sua vida 137
Diminua a sobrecarga de tarefas 138
Revise os fatos importantes 139
Faça e confira 139
Busque estímulos diferentes 140
Faça palavras cruzadas 141
Leia mais de cinquenta livros por ano 141
Escreva mais 142

Capítulo 10 – Você, campeão de memorização   145

Esquecer também faz parte 147
Uma boa memória transforma a vida! 148

Introdução

O valor da memória

Tenho a sensação de que a mente humana está no limite de sua capacidade. Por um lado, recebemos cada vez mais informação do mundo que nos cerca; por outro, entretanto, parece que lembramos muito pouco de tudo que chega ao nosso cérebro, uma vez que usamos cada vez menos nossa memória natural e cada vez mais memórias artificiais.

O paradoxo do mundo moderno é que quanto mais melhoramos as tecnologias de armazenamento de dados, criando computadores mais generosos em espaço, servidores mais rápidos e seguros e aplicativos mais sofisticados, mais as pessoas se queixam de esquecimento.

Atualmente, quem usa a memória natural para registrar informações e tarefas é até visto com espanto e desconfiança, mas também com uma ponta de admiração, uma vez que todos estamos muito dependentes de máquinas e aparelhos para lembrar as coisas: o computador, o celular, o *pen drive*, o *notebook*, o *tablet* etc.

A cena é comum: encerrada a reunião de negócios, o executivo informa um número de telefone a um de seus colegas. Então, um deles faz aquilo que hoje é considerado normal para lembrar informações, ou seja, tira do bolso seu *smartphone*, ativa o aparelho e faz o desbloqueio da tela digitando uma senha. Em seguida, acessa a opção: "Lista de contatos" e tecla na função "Adicionar novo contato", abrindo uma janela com vários campos vazios, prontos para receber novos dados. Ao encostar o dedo em um desses campos, ele ativa o "Modo teclado", permitindo a digitação das informações pessoais e do número de telefone. Após inserir e conferir o que digitou, ele aciona a opção "Salvar novo contato", e coloca o aparelho novamente no bolso.

Causaria um grande espanto se ele não fizesse absolutamente nada e usasse apenas sua memória para guardar as informações, como seria natural. Não precisaria fazer nenhum movimento. O máximo que se perceberia seria um breve fixar dos olhos na superfície lisa de uma parede. Se isso acontecesse, o executivo, ao ver toda aquela indiferença (afinal, o número de telefone dado era necessário para a realização das tarefas atribuídas na reunião), ficaria incomodado e perguntaria: "Você não vai anotar?". E o colega diria: "Não é necessário.

Eu memorizei". "Mas você não vai esquecer? Não acha melhor escrever ou gravar?". "Não. Eu uso um sistema de memorização simples: eu me concentro, escuto o número com atenção, faço uma associação com uma imagem e o gravo na memória. Quando precisar, vou lembrar o número. É mais seguro guardá-lo em minha memória que em aparelhos. Já tive surpresas desagradáveis por confiar apenas em memórias artificiais".

Cenas como essa são raras e, de fato, espantosas, e é por isso que nossa memória está ficando cada vez mais destreinada, com consequências complicadas. Se fôssemos estimar, em valores, o dinheiro gasto com esquecimentos sofridos anualmente em empresas, a cifra seria suficiente para alimentar todos os famintos do mundo, construir fontes de energia limpa em grandes cidades ou alfabetizar todos os seres humanos. Nos Estados Unidos, um estudo sobre o impacto que tiveram as distrações e os esquecimentos humanos na produtividade e no mercado de trabalho apurou a cifra de 77 bilhões de dólares de prejuízo por ano.

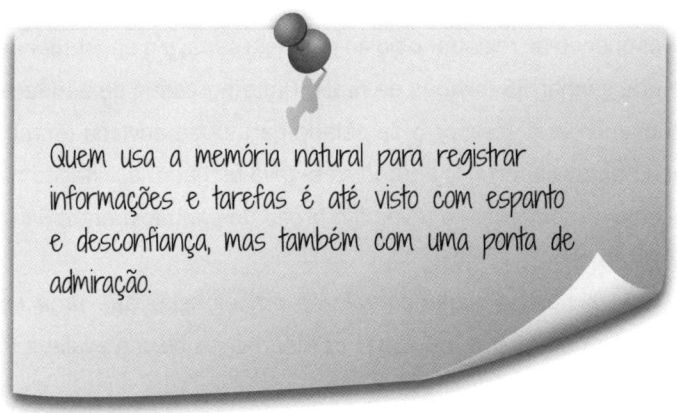

Quem usa a memória natural para registrar informações e tarefas é até visto com espanto e desconfiança, mas também com uma ponta de admiração.

Tive a disciplina de fazer uma pesquisa investigativa para descobrir quanto perdemos por problemas de memória, e anotar tudo que via e ouvia sobre esquecimentos durante um determinado período. Nada fugia de meu olhar focado, que se surpreendeu com histórias incríveis, desde a pessoa que esqueceu um fogão no metrô, a mulher que esqueceu seu vestido de noiva no ônibus, o corretor que se esqueceu de renovar o seguro do cliente que acabara de bater o carro, até o médico que esqueceu o bisturi no corpo da paciente.

Calculando o valor de pequenos esquecimentos, como uma luz acesa, um monitor ligado ou o combustível gasto para retornar e buscar algo esquecido, foi possível estimar que um profissional que esquece pouco sofre um prejuízo anual em torno de 2 mil reais.

Se achou muito, saiba que existem pessoas e empresas que gastam bem mais com esquecimentos. O funcionário de uma grande empresa me contou que um colega se esqueceu de pagar os impostos no prazo certo, gerando uma multa de 500 mil reais. Outro se esqueceu de comparecer a uma audiência, e concordou em pagar 45 mil reais. A operadora de caixa de uma casa lotérica se esqueceu de registrar o bolão da mega-sena, e o apostador deixou de ganhar 53 milhões de reais. Um empresário se esqueceu de checar se o aeroporto da cidade para onde enviaria uma licitação estava aberto. O aeroporto estava fechado, a licitação não chegou e o empresário revelou o preço do esquecimento: 58 milhões de reais.

Mas não são apenas valores em dinheiro que uma boa memória pode salvar ou evitar perder. Pense bem e avalie a importância de:

- Lembrar-se do nome daquela pessoa com quem você esteve em um encontro informal e que agora o cumprimenta em uma rodada de negócios.
- Ter na memória os detalhes de um acordo ou negociação.
- Lembrar-se de uma informação preciosa em um momento crítico.
- Lembrar um número de telefone quando o celular trava ou acaba a bateria.
- Lembrar a data de aniversário da pessoa amada e surpreendê-la.
- Ter na ponta da língua uma bela citação e dizê-la em uma ocasião especial.
- Lembrar tudo que é importante na hora de conquistar a pessoa amada.
- Lembrar-se do campeonato de futebol do filho ou da apresentação de música da filha.

Sabe qual é o valor de tudo isso? Incalculável. Esse é o valor de uma boa memória.

A verdade é que, muitas vezes, apenas nos momentos de perda é que descobrimos o valor de ter uma memória treinada e desenvolvida. No dia 10 de junho de 2012, jornais do mundo inteiro noticiaram a história do primeiro-ministro britânico, David Cameron, que esqueceu a filha de apenas 8 anos de idade em um restaurante.

Você pode imaginar os prejuízos gerados por esse esquecimento? Que esposa pode confiar em um marido que esquece o próprio filho? Que criança vai confiar em um pai que a esquece em um local público? Que confiança um eleitor pode depositar em um político esquecido? Felizmente, o desfecho dessa história não foi trágico, mas por pouco não ocorreu um cenário catastrófico em decorrência do esquecimento, como já nos acostumamos a ouvir ultimamente.

> Se fôssemos estimar, em valores, o dinheiro gasto com esquecimentos sofridos anualmente em empresas, a cifra seria suficiente para alimentar todos os famintos do mundo, construir fontes de energia limpa em grandes cidades ou alfabetizar todos os seres humanos.

Confiança, credibilidade, inteligência, capacidade e liderança são só algumas das qualidades atribuídas a pessoas com boa memória, e isso não tem preço. Porém eu também, infelizmente, aprendi isso só depois de sentir na pele os problemas que um esquecimento pode trazer.

Sou recordista brasileiro de memorização, e fui o primeiro a receber esse título em nosso país. Mas não pense que recebi o prêmio porque minha memória era excepcional e nasci com um gene especial, que me faz lembrar tudo. Não! Foi exatamente o contrário. Foi só depois de passar por uma experiência muito dolorosa e negativa em decorrência de um esquecimento que comecei a treinar minha memória.

Nos anos 1990, eu era gerente de informática (TI) de uma pequena editora de listas telefônicas. Uma das minhas funções era fazer, semanalmente, a cópia de segurança (*backup*) dos arquivos das centenas de anúncios que eram inseridos manualmente, um a um, durante o período de venda de publicidade. Ao término desse período, a lista telefônica era diagramada, impressa e distribuída à população. Em um determinado mês, o cronograma estava em dia, e aquela edição seria um sucesso. Porém aconteceu um detalhe, ou melhor, um "pequeno" esquecimento. No final do expediente de uma tarde de sexta-feira, por mera distração e excesso de rotina, eu simplesmente me esqueci de fazer a cópia de segurança dos arquivos da quinzena. E, justamente naquele dia, eu também havia apagado os *backups* anteriores para fazer a limpeza dos discos. E não lembrei.

Fui para casa e, no caminho, tive aquela terrível sensação de estar esquecendo algo muito, mas muito importante. Na manhã da segunda-feira seguinte, meu temor mostrou sua pior face: o computador principal havia sido infectado por um vírus, e entrou em pane. O HD foi danificado e, com ele, todos os arquivos, inclusive aqueles que os funcionários haviam preparado ao longo da última quinzena do mês.

Em outras palavras, meu pequeno esquecimento quase arruinou por completo os resultados financeiros da empresa. Você pode imaginar como me senti naquele dia e para onde foi o nível de minha autoestima. O final da história? Aquele pequeno esquecimento fez que eu arrastasse uma equipe inteira para um trabalho extra, de emergência, sob enorme pressão, fazendo-a passar dias, noites e madrugadas inteiras recuperando o tempo e o trabalho perdidos. Depois desse episódio, só me restou pedir desculpas e demissão.

Até o momento daquele evento lastimável, eu nunca havia pensado na hipótese de sofrer algum tipo de problema de memória. Eu tinha um ou outro esquecimento, o que considerava algo absolutamente normal, uma vez que, afinal de contas, aceitava que as pessoas sempre esquecem alguma coisa. Mas aquele episódio me marcou tão profundamente que mudou a maneira como eu tratava minha memória. Comecei, então, a vigiá-la de perto e a persegui-la como um namorado ciumento.

Foi aí que fui estudar, fazer cursos e treinar minha memória para nunca mais repetir uma experiência tão desagradável como aquela. E treinei tanto que acabei sendo campeão de memorização. Descobri que é verdade que o cérebro humano, esse poderoso e misterioso computador de carne, é também programado para apagar algumas informações. Mas, se checarmos bem nosso histórico de esquecimentos, veremos que muitos deles poderiam ser evitados e muitas informações poderiam ser memorizadas com soluções mais rápidas que revirar a casa procurando papel e caneta para fazer anotações.

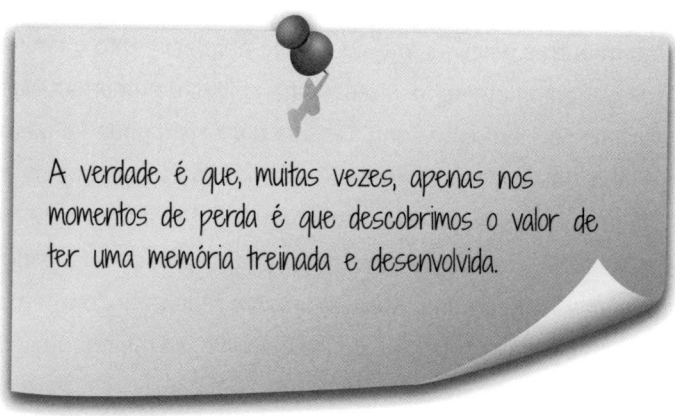

A verdade é que, muitas vezes, apenas nos momentos de perda é que descobrimos o valor de ter uma memória treinada e desenvolvida.

Felizmente, ainda existem pessoas, e não são poucas, que confiam exclusivamente em sua memória natural, e que a usam com habilidade. São pessoas que não perderam, apesar do avanço e do progresso tecnológico, o contato com sua natureza humana. Por isso digo que existe uma grande urgência de resgatarmos nosso poder natural de memorização.

A boa notícia é que você pode fazer isso. Todos podem! Existe uma maneira de reprogramar a memória, para minimizar, evitar e até mesmo banir os esquecimentos. É possível aprender mais em menos tempo, e o caminho está no uso correto da memória. Todas as vezes que você escolher usar a memória natural, fará bem a seu cérebro. Você manterá seu raciocínio rápido, sua criatividade aguçada e conquistará aquilo que as pessoas admiram: uma memória afiada.

E foi por isso que escrevi este livro. Não sou médico, não sou neurocientista, não sou psicólogo. Sou formado em ciências da computação, e me graduei como um profissional preparado para criar códigos de programas para computadores. Mas vou confessar a você: hoje, confio muito mais na memória humana que na memória das máquinas.

Tenho uma paixão contagiante pela mente humana e muita disposição para pesquisa. Por isso, ao unir os fundamentos da tecnologia com a filosofia da mente e as ciências cognitivas, lancei um olhar diferente aos estudos da memória. Pesquisei antigos métodos mnemônicos e criei um sistema inovador de memorização, que envolve conhecimento, atitude e um pouco de treino.

Construí um acesso alternativo, saudável e seguro para solucionar problemas de esquecimento e dificuldade de memorização, e acredito que as soluções que você vai encontrar neste livro são dificilmente encontradas em consultórios médicos. O que trago é novidade, um novo olhar sobre as velhas questões do esquecimento.

Quero que você experimente esse método que está mudando a vida de muitas pessoas, e que foi o mesmo que me ajudou, em 2006, a obter o título de o homem com a melhor memória do Brasil.

Quero que você encontre nestas páginas seu guia de reprogramação de suas lembranças. Você vai encontrar cerca de uma centena de ideias que modificarão a maneira como utiliza sua memória. A metodologia empregada está fundamentada em uma base científica sólida, mas, principalmente, na experiência acumulada ao longo de dezesseis anos lidando com pessoas esquecidas ou com dificuldade de memorização.

Procurei incluir neste livro todas as possibilidades de esquecimento e todas as soluções possíveis para evitá-las. Alguns tópicos são intencionalmente curtos e objetivos, priorizando a didática, respeitando seu tempo e promovendo uma rápida assimilação. Você conhecerá soluções úteis que não exigem treinamento e podem ser empregadas imediatamente.

Se você vinha se sentindo decepcionado com sua memória, saiba que essa sensação está prestes a acabar. Seu maior esforço para tirar o máximo proveito deste livro será experimentar e sentir a simplicidade do meu método. Aproveite e convoque agora seus familiares, filhos, cônjuge, colegas de trabalho e faça uma leitura coletiva deste livro para que todos possam se beneficiar. Ou leia-o sozinho, mas pensando em como poderá multiplicar essas ideias e ajudar outras pessoas. Ajude-me a mostrar para o máximo de pessoas o tesouro que todos carregamos dentro de nós mesmos.

Uma vida livre de esquecimentos é definitivamente muito mais intensa, mais bem aproveitada e divertida, pode apostar. E ela está ao alcance de todos, do jovem estudante ao profissional cercado de informações, da dona de casa que se desdobra para administrar o lar e a família ao aposentado que deseja se manter mentalmente ativo.

Tenho certeza de que depois de ler e treinar seu cérebro você também vai descobrir o valor incalculável de ter uma memória bem treinada. E ganhar muito com isso!

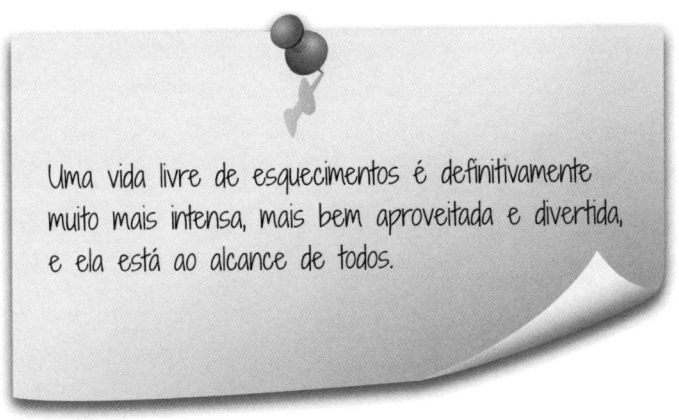

Uma vida livre de esquecimentos é definitivamente muito mais intensa, mais bem aproveitada e divertida, e ela está ao alcance de todos.

CAPÍTULO 1

Máquinas de memorizar

As pessoas estão ficando cada vez mais esquecidas, é fato. Isso é fácil de constatar pela quantidade de gente que ouvimos diariamente reclamando da própria memória. Tenho certeza de que isso também vem acontecendo com você: pare e pense um pouco sobre quantos esquecimentos teve nos últimos dias. Tente lembrar também os esquecimentos de seus subordinados, colegas de trabalho e familiares, e verá que há um exército de jovens, adultos e idosos frustrados por perderem tempo, dinheiro e oportunidades em decorrência de esquecimentos.

Essa frustração por não sabermos lidar com nossa própria memória gera quase uma histeria coletiva em busca de memórias artificiais. Hoje é comum ver profissionais em suas baias cercados de lembretes amarelos colados por todos os lados, com agendas detalhadas e celulares empenhados em alertar, via sinais sonoros, sobre todos os compromissos. Aliás, os dispositivos eletrônicos com ampla capacidade de armazenamento são cada vez mais valiosos. Quanto mais memória, mais caros!

Sedentarismo mental

Quanto as pessoas hoje confiam em sua memória natural? Se você também delega a dispositivos eletrônicos e memórias artificiais a missão de guardar suas lembranças mais importantes, então saiba que sua confiança na memória natural será cada vez menor, e ela, cada vez menos efetiva. Quantas vezes, nos últimos dias, você preferiu anotar, registrar ou gravar informações em vez de memorizar?

Não quero dizer que seja errado utilizar memórias auxiliares em determinadas tarefas, nem para guardar dados menos importantes, como um número de telefone. Afinal de contas, sou um profissional da área da tecnologia, lembra? Sei o valor que os dispositivos eletrônicos podem agregar a nossa produtividade, e a importância de conseguirem lidar com uma quantidade cada vez maior de dados e informações. Mas é preciso alertar para os perigos do excesso e refletir sobre a migração silenciosa que as pessoas estão fazendo da memória natural para a memória das máquinas.

Usando uma linguagem de computação, é como se as pessoas estivessem selecionando arquivos da própria memória e movendo-os para memórias externas, e o perigo disso é que estamos ficando com nossa memória destreinada, por falta de uso.

Vivemos na época da informação, mas, ao contrário do que parece, os HDs mentais das pessoas estão cada vez mais rasos e fatalmente vazios de conteúdo relevante.

Como cada vez mais lançamos mão de memórias artificiais para lembrar, estamos ficando sedentários mentais, pois trocamos os exercícios pelas facilidades da vida moderna, da mesma maneira que trocamos exercícios físicos por elevadores, carros, escadas rolantes etc., diminuindo em muito a quantidade de movimentação em relação ao que fazíamos no passado.

A ansiedade de não perder nada

Não são apenas lembretes de compromissos e informações essenciais que as pessoas estão delegando às máquinas. Guardar lembranças agradáveis também é obsessão, mas há quem extrapole.

Quando você faz uma viagem, há coisas que, de fato, não devem passar despercebidas, como pessoas interessantes, lugares históricos, culturas locais, cenários deslumbrantes etc. Cenas de turistas entusiasmados registrando momentos importantes de suas viagens são absolutamente normais, mas exagerar a ponto de querer registrar tudo é agir como aqueles fãs que ficam na beira do palco dos shows com celulares apontados filmando cada suspiro do cantor.

Aconteceu comigo uma cena que ilustra bem isso. Era uma manhã de sexta-feira, eu estava em um avião indo de São Paulo para Brasília. Nas poltronas a minha frente vi sentar-se um jovem casal. Sorridentes e curiosos, eles usavam roupas despojadas, deviam estar de férias ou em lua de mel. Ao meu lado, um executivo manipulava seu *smartphone* rapidamente, parecendo consultar os últimos e-mails antes de desligá-lo.

Recostei meu corpo na poltrona do avião para um breve cochilo. O voo não era longo, deveria levar cerca de uma hora e meia, e eu queria aproveitar esse tempo para descansar. O avião decolou, estabilizou-se, e o voo seguiu sem atrasos.

Algum tempo depois, despertei assustado com uma sequência de ruídos agudos proveniente de alguma parte. Eu devia ter dormido profundamente, pois comecei a lutar tentando organizar meus pensamentos para descobrir a fonte dos "claques" que ouvia repetidamente. Olhei pela janela, e do lado de fora nada vi. Virei para a esquerda, e vi que o executivo dormia despreocupado, mas os ruídos continuavam. Então parei, ouvi melhor e percebi que partiam das poltronas da frente. Nas mãos do casal havia uma máquina fotográfica barulhenta apontada para a janela, disparando e registrando ansiosamente cada milha percorrida pela aeronave.

Talvez, se o casal se ocupasse com relaxar e aproveitar a experiência, prestando atenção a ela e registrando em seu cérebro tudo que acontecia, poderia desfrutar e gravar até melhor que com as fotos. A tarefa de registrar momentos importantes de experiências profissionais, acadêmicas e pessoais é muito bem executada pelos nossos cinco sentidos: a visão absorve as imagens, a audição cuida dos sons, enquanto olfato, paladar e tato cuidam das outras impressões sensoriais. Juntos, os cinco sentidos formam radares poderosos que, trabalhando em parceria com o cérebro e com a memória, extraem sentido do mundo descartando o que não é valorizado e registrando o que é essencial.

Sim, talvez sem fotografar o casal não tivesse o que compartilhar nas redes sociais, mas esse já é outro ponto...

É importante lembrar que o trio formado por nossos sentidos, pelo cérebro e pela memória é suficientemente satisfatório para selecionar e absorver informações relevantes quando está sob a tutela de dois estados mentais básicos para a aprendizagem: foco e confiança.

A falta de foco, a incapacidade de prestar atenção a uma determinada tarefa, interfere profundamente na capacidade de memorização. Imagine que a memória humana é um copo e que a informação principal que está sendo absorvida é um líquido de cor azul. A mente focada permite que apenas o líquido azul entre no copo. Já a mente dispersa, aquela que não seleciona, comporta-se como um bebedor liberal que aceita em seu copo qualquer líquido, sobrecarregando e exaurindo o organismo.

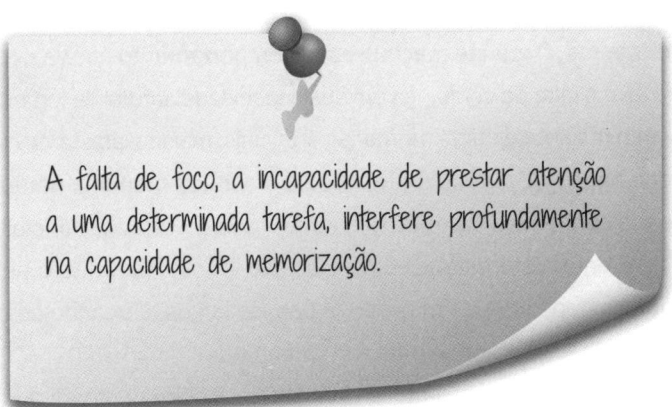

A falta de foco, a incapacidade de prestar atenção a uma determinada tarefa, interfere profundamente na capacidade de memorização.

A pessoa que não seleciona em que quer e precisa prestar atenção tem um perfil clássico: é aquele aluno que anota sem critérios cada frase pronunciada pelo professor, aquele turista que fotografa tudo que encontra pela frente ou aquele profissional que espalha mil bilhetes pelo escritório tentando obter, com isso, um pouco de produtividade.

O círculo vicioso da falta de memória

O mundo moderno tornou-se um lugar extremamente confortável para o cérebro humano, pois, às vezes, temos a impressão de que não é mais preciso pensar, refletir, aprofundar-se, nem mesmo gravar informações na memória. O que fica é a sensação de que nosso cérebro nunca foi tão pouco exigido, celebrando o que a genética batizou de "lei do mínimo esforço", cuja premissa reza que é melhor economizar energia que desperdiçá-la.

A decisão de registrar tudo em memórias artificiais tem uma consequência negativa: faz que você registre também informações irrelevantes. O grande mal que esse comportamento nocivo pode causar é a falta de confiança em sua capacidade natural de lembrar. Quanto mais você utiliza memórias artificiais, mais se afasta da memória natural. E quanto mais você se afasta da memória natural, menos confia nela, fazendo que adote mais memórias artificiais.

Pronto. Está estabelecido o círculo vicioso. E, o que é pior: a humanidade segue em frente, a passos largos, cercando-se de tecnologia e afastando-se da memória natural.

Muito do que gravamos ou fotografamos dificilmente voltamos a ver. Muitas daquelas fotos são simplesmente apagadas sem que tenham sido ao menos apreciadas. O problema da dependência tecnológica é que passamos a não estimular a memória natural como deveríamos no momento em que ocorre um fato, e é daí que surge a falta de treino e confiança, que apenas reforça o círculo vicioso.

O grande dilema, entretanto, da dependência de memórias artificiais é sabermos que, apesar de toda a tecnologia envolvida, no fundo, elas são vulneráveis.

Diferentemente de um texto esculpido em uma rocha, que pode permanecer por milênios, as memórias artificiais quebram, queimam, molham, pifam, podem ser roubadas e, com elas, vão-se nossas lembranças e ficam as frustrações, os prejuízos e os constrangimentos. Quem nunca teve um HD de computador queimado com todos aqueles documentos, fotos, arquivos importantes, ou um celular sem bateria quando precisava consultar urgentemente um contato, ou perdeu aquela agenda cheia de anotações importantes sobre procedimentos de trabalho?

A verdade é que, no fundo, sentimos uma ansiedade por saber que as memórias artificiais não são confiáveis. Acreditamos que dominamos a tecnologia, mas de fato sabemos que somos reféns dela. Sentimos que, mais dia, menos dia, elas simplesmente desaparecerão e nos deixarão vazios de informação sobre nós mesmos.

Diferentemente de um texto esculpido em uma rocha, que pode permanecer por milênios, as memórias artificiais quebram, queimam, molham, pifam, podem ser roubadas e, com elas, vão-se nossas lembranças e ficam as frustrações, os prejuízos e os constrangimentos.

Se é fato que as pessoas estão ficando mais esquecidas, é também fato que a memória não pode ser culpada ou punida por nossas escolhas. É claro que existem mentes extremamente brilhantes em nossos dias, pessoas que desfrutam de pleno domínio de suas funções cognitivas e mnemônicas, jovens que abastecem a memória com conteúdo enriquecedor, profissionais com o cérebro afiado produzindo e deixando o mundo melhor.

Em vez de pensar que pessoas assim são cada vez mais raras, podemos estudar suas estratégias, modelar nossos comportamentos e obter os mesmos resultados que elas. Eu acredito que existe vida pacífica entre tecnologia e memória humana, e que ambas podem ser usadas para guardar informações importantes. Eu mesmo sou prova disso, sendo especialista em computação e, ao mesmo tempo, recordista de memória.

De uma coisa tenho certeza: existe, é claro, uma excelente memória dentro de você, uma grande capacidade de armazenamento, e o projeto deste livro é despertá-la. Você vai aprender que existe uma diferença enorme entre apenas usar a memória e usar a memória com inteligência, e que o caminho é muito mais simples do que você imagina.

Daqui para a frente, todas as vezes em que você escolher anotar em vez de prestar atenção, salvar em vez de memorizar, ou fotografar em vez de contemplar, vai se lembrar de mim e deste livro.

A MEMÓRIA DO FUTURO E O FUTURO DA MEMÓRIA

Renato Alves

Imagine-se em um parque de diversões. Os brinquedos são rústicos, os ferros estão tomados pela ferrugem, e as crianças não se animam a brincar. O parque fica no centro de uma grande cidade, em uma praça repleta de enormes e frondosas árvores plantadas na época da inauguração, no longínquo passado do ano 2012. Estamos no ano 2083.

É manhã. Você está sentado em um banco e seu olhar fixo parece observar algo ou alguém entre as árvores. De repente, sua concentração é desviada, e seus pensamentos são interrompidos por uma voz: "O que você achou dessa nova invenção?".

Quem faz a pergunta está de costas, sentado em um desses brinquedos de girar. Mesmo de costas, você percebe que se trata de um homem calvo, magro, que usa jeans, tênis e camiseta. Porém, a voz não é masculina, mas feminina, suave, boa de ouvir. Mais estranho ainda é o fato de que a voz daquela pessoa não entra por seus ouvidos, mas vem de dentro de sua mente: "É um aplicativo revolucionário, não acha?".

O homem dá um impulso com a perna esquerda, fazendo o brinquedo girar para a direita, permitindo que você veja seu rosto, que lhe é familiar. É Steve Jobs, o fundador da Apple, o criador do computador pessoal, facilitador da alta tecnologia, o inventor do iPod, do iPhone e do iPad. O mago da inovação está sentado bem ali, a sua frente, conversando com você, mas de sua boca não sai qualquer som. A voz simplesmente surge em sua mente.

"É minha nova invenção", ele diz. "É um aplicativo que permite escolher a voz de celebridades do passado em um banco de dados com nomes como Oprah Winfrey, Bruce Willis, Jim Carey ou Madonna. São mais de 3 mil vozes para modelar. O aplicativo é gratuito, você pode baixá-lo agora mesmo em seu iMind."

E ele explica: "O iMind é sucesso desde 2062. Trata-se de um nanochip implantado na retina e conectado diretamente ao cérebro por meio do nervo óptico. É a versão contemporânea de seu tataravô, o iPad, com a vantagem de não ser necessário operá-lo com as mãos. O iMind é subordinado ao pensamento. Tudo surge na frente dos olhos, basta pensar. O sucesso e a evidente utilidade do nanochip conectado ao cérebro são decorrentes de seu tamanho, e 90% da população mundial já o tem implantado e o utilizam sem dificuldades". Ele continua explicando a você que os idosos de 2082 foram os bebês que, em 2012, manuseavam *tablets* e *smartphones*.

Na praça há muitas pessoas, mas tudo está silencioso. Jovens, adultos, crianças, homens e mulheres, todos estão em completo silêncio, o que é perturbador. Em um banco, do outro lado da área dos brinquedos, há uma menina com um lindo vestido branco. Seu rosto está sério, e ela parece concentrada. Os olhos fixos, bem abertos, parecem olhar para algo distante.

Próximo a ela está um garoto de uns 4 anos de idade. Está sentado na calçada, com os pés descalços pisando a areia. Ele também está sério, imóvel, e também apresenta um olhar fixo voltado para algum lugar. A seu lado, sentada em um banco e igualmente imóvel, está sua babá. Ela olha para o garoto e, sem dizer uma única palavra, ele se levanta, tira a areia dos pés e ambos vão embora. A atmosfera misteriosa e o estranho comportamento daquelas pessoas deixam você intrigado.

Jobs, notando sua curiosidade, comenta: "O maior problema continua sendo a falta de empatia. Há algumas décadas, cientistas descobriram que o produto da alteração química e de estímulos elétricos cerebrais geravam ondas eletromagnéticas passíveis de medição. Eles notaram que, de alguma maneira, tais ondas eram interceptadas pelo cérebro de outras pessoas. Nossos cientistas descobriram como decodificá-las. Criamos aplicativos para a comunicação mental que modificaram o comportamento humano. Com o iMind, qualquer profissional pode, com autorização, entrar na mente de qualquer pessoa e oferecer produtos, serviços e aconselhamento. Redes sociais e empresas de entretenimento saíram na frente, possibilitando farta conexão entre os bilhões de humanos. Os novos aplicativos de comunicação mudaram de tal forma a maneira como as pessoas interagiam que se percebeu que não era mais necessário falar. Isso foi há apenas uma década, e hoje, os cientistas já encontram casos de jovens que sofrem alteração na fisiologia das cordas vocais. As pessoas se aproximaram virtualmente e se afastaram física e afetivamente. Foi por isso que criamos esse sistema de alteração do tipo de voz. É para quebrar o gelo, para gerar empatia".

Perplexo, você olha para as pessoas ao redor e entende a razão daqueles olhares fixos e distantes: todas elas estão conectadas, acessando os aplicativos do iMind. Jobs continua: "Hoje, graças ao poder de integração máquina-cérebro, as pessoas são menos agitadas e mais focadas. No começo do século, a ciência investigava a dificuldade de foco das crianças. Era comum encontrar jovens que tomavam medicamentos para o controle do que chamavam de TDAH, o transtorno de déficit de atenção e hiperatividade. Hoje, nossos jovens ficam o tempo todo conectados, realizando tarefas, pesquisando, jogando ou interagindo com sua lista de contatos. Se, no início do século, as pessoas se queixavam de falta de concentração, hoje temos seres humanos altamente concentrados. Nossos jovens ficam mais tempo dentro de casa e não precisam mais frequentar escolas. Há sistemas completos de alfabetização instantânea no iMind. Os pais não precisam brigar, exigir ou se preocupar com notas, até porque não existem mais escolas. As últimas foram extintas há uma década. Em um mundo em que tudo pode ser aprendido virtualmente com um simples pensamento, as pessoas praticamente nascem alfabetizadas. Basta olhar fixamente para uma montanha, para um monumento, para a folha de uma árvore, para um inseto ou para qualquer parte do céu que algum aplicativo do iMind iniciará uma aula completa, com mais didática que qualquer professor pode atingir. Universidades viraram cursos de aperfeiçoamento e aplicação de teorias. Para ingressar nessas universidades, nossos filhos não são avaliados pelo que sabem – pois qualquer pessoa tem acesso irrestrito a tudo –, mas pelo que fazem com o que sabem".

"E o que aconteceu com a memória humana? As pessoas não usam mais a memória?", você pergunta. O sorriso de Jobs desaparece e, em seu lugar, surge uma expressão tensa. Sua testa enruga e seus olhos se movem de um lado a outro, travando um diálogo interno. Na verdade, Jobs pesquisa a resposta em sua memória. Não na natural, mas em uma grande base de dados chamada "conhecimento humano".

"Não usamos mais a memória. Hoje, as pessoas se abastecem da mesma fonte, de uma memória coletiva, acessível a todos. O romantismo do passado, o saber de cor as letras de músicas, poesias e histórias foi engolido pela necessidade de sermos práticos, rápidos e produtivos. O ser humano atingiu o ápice do conhecimento, todas as perguntas foram respondidas e todas as respostas estão disponíveis a quem as quiser acessar. Basta você se concentrar, pensar em um tema, e um orador virtual surge diante de seus olhos. Esse orador especialista transfere para você o conhecimento solicitado. Nós não precisamos mais da memória. Nosso cérebro aprendeu a se ajustar. O progresso matou as velhas conexões e criou novas", conclui Jobs.

Você se levanta do banco e esfrega as mãos. Elas estão frias. Você as aproxima da boca, como um gesto de oração, pensa sobre tudo que Jobs disse, e se lembra do "orador virtual". Levanta o rosto e foca seu olhar diretamente nos olhos dele. Jobs começa a sorrir. Ele leu seus pensamentos, e sabe qual é o comando. A imagem do corpo dele começa a tremer e a se distorcer como uma imagem de televisão quando perde o sinal. E Jobs desaparece.

■

CAPÍTULO 2

Por que andamos tão esquecidos?

A atual falta de confiança na memória natural não é resultado de um vírus que causa amnésia coletiva, como até podemos chegar a pensar quando observamos as pessoas nos ambientes de trabalho, em suas casas e nas ruas. Ironicamente, isso é uma consequência da própria inteligência humana.

Nossos ancestrais, como especulam alguns estudiosos, por não terem acesso a memórias artificiais, talvez tenham chegado a ter uma memória quinhentas vezes melhor que a nossa atual simplesmente pelo fato de precisar usá-la mais.

Para entender um pouco o fenômeno do esquecimento moderno, vamos voltar ao passado e dar um passeio pela história da memorização, que se confunde com a própria história humana.

Lembrar para sobreviver

Há milhares de anos, em uma época em que um pedaço de pau e uma pedra eram armas de caça, em que plantas de aparência inofensiva matavam por envenenamento, e em que tempestades eram vistas como a ira dos deuses, nossos antepassados tinham a memória como o principal mecanismo de garantia de sobrevivência. Aprender, durante muitos séculos, foi um exercício de tentativas, erros, acertos e, lógico, memorização. A memória, guardiã dos resultados, fossem eles bons ou ruins, cumpria o papel de caderno de anotações das aventuras humanas pela Terra. Nessa época, a melhor definição de sucesso era: lembrar para não morrer.

Naquele tempo, é possível que um homem, uma mulher ou até mesmo uma criança agachada no chão de uma caverna, quando buscavam algo para se entreter, tenham esfregado uma pedra na parede. As marcas produzidas pela fricção podem ter formado alguns traços parecidos com desenhos. Provavelmente, algum homem das cavernas, ao querer remover das mãos a lama vermelha com que as sujara na beira de algum manancial, tenha limpado os dedos na parede de uma caverna deixando ali alguns traços também parecidos com desenhos. Talvez alguém do grupo, ao olhar para aquelas cenas, tenha pensado em aperfeiçoar aqueles desenhos e registrar nas paredes marcas da presença de seu grupo naquela região.

Certamente, foram despretensiosos os primeiros registros da passagem humana pela Terra na tentativa de preservar alguma memória de um fato ou acontecimento. Os primeiros sinais inteligentes deixados pelo homem ocorreram muitos séculos antes da invenção da roda e foram fundamentais para o crescimento intelectual.

Quando descobrimos que era possível registrar a rotina em pedaços de madeira, pedras, ossos e folhas, quando notamos que era possível ensinar os membros de um grupo por meio de desenhos e símbolos, o cérebro humano começou a sofrer importantes modificações. À medida que os traços dos desenhos e as mensagens eram aperfeiçoados e passavam a ter significados complexos, a criatividade humana também foi aguçada e a história seguiu sendo registrada nas mais variadas superfícies: folhas grandes, madeira, ossos, paredes, placas de argila e tábuas rasas com cera foram nossos primeiros blocos de anotação.

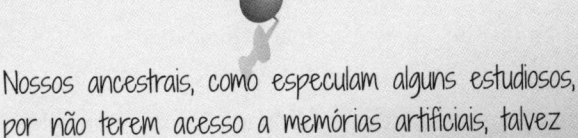

> Nossos ancestrais, como especulam alguns estudiosos, por não terem acesso a memórias artificiais, talvez tenham chegado a ter uma memória quinhentas vezes melhor que a nossa atual simplesmente pelo fato de precisar usá-la mais.

Por volta de 2500 a.C., os egípcios começaram a manufaturar rolos das plantas de papiro que cresciam em todo o delta do Nilo. Os gregos e os romanos adotaram o papiro como o meio de escrita primário, e logo depois chegou o pergaminho, inventado no extremo oeste da Ásia, que era um meio de registro mais limpo, firme, convidativo, porém caro. Era feito de couro de carneiro. Antes do pergaminho, os meios de escrita eram desajeitados e de acesso limitado. Em um mundo em que a maioria das pessoas não dominava símbolos representativos e não dispunha de meios de anotação, o poder da memória humana determinava o sucesso na aquisição do conhecimento.

Antes da escrita, o conhecimento era transmitido por meio oral, ou seja, por intermédio de conversas. No passado, ter a oportunidade de aprender ouvindo os conselhos de um sábio era um privilégio, e por isso cada detalhe era memorizado. Se um aprendiz desejasse sorver o conhecimento de um mestre, teria de confiar exclusivamente em sua memória. Uma vez absorvido pela memória, o conhecimento passava por processos de "digestão mental", ou seja, era comum o aprendiz meditar, experimentar, refletir, alterar, subtrair ou mesmo acrescentar algo novo.

A manipulação do conhecimento, você sabe, fortalece ainda mais a memória, desperta a criatividade, libera a inteligência e nos torna profundos. Nas diversas fases da História, muitos jovens como Shakespeare, Franz Kafka ou René Descartes, que aos 23 anos escreveu *O discurso do método*, e muitos outros, produziram ideias, textos e teorias que nos inspiram até hoje. A vantagem de não anotar era que quando o conhecimento era passado adiante, sempre levava consigo algum traço da experiência e das meditações do orador.

Memória pré-histórica

Antes da popularização dos meios de escrita, para armazenar na memória grande quantidade de informação como normas, regimentos, acordos ou poesias, nossos antepassados criavam estratégias mnemônicas. Na Grécia antiga, o uso de técnicas para lembrar era muito popular. Consistia basicamente em criar versos, canções e rimas padronizadas e entoadas em voz alta.

Com o surgimento da escrita e suas facilidades, percebeu-se que não era mais necessário memorizar. Bastava escrever e guardar o registro em um local seguro. Também não era mais necessário pensar, refletir, meditar ou inovar. Sócrates, o filósofo, tentou nos alertar dizendo que a escrita implantaria o esquecimento, e que, ao ler anotações, os homens cessariam de exercer sua criatividade, porque confiariam apenas no que estivesse escrito, e que trariam conteúdo à lembrança não mais de dentro de si, mas com o auxílio de meios exteriores.

Desde os primeiros rabiscos nas paredes das cavernas, o ser humano iniciou uma busca pelo aperfeiçoando dos meios de comunicação. A invenção da escrita, tal qual a conhecemos, formada de algarismos arábicos, juntamente com o surgimento da imprensa de Gutemberg, surgida na Idade Moderna, permitiram a massificação do conhecimento, impulsionaram a revolução industrial e moldaram o mundo como é hoje.

A aventura humana de registrar suas tradições e produzir memórias artificiais ganhou um novo capítulo com a popularização dos computadores pessoais. Agora a informação não é mais visível ou mesmo palpável, como era quando escrita nas páginas dos livros, mas codificada com a ajuda de bits de dados, que só podem ser acessados por meio de uma interface gráfica (tela de computador) e organizados com o auxílio de um processador.

A capacidade de armazenamento dessas dádivas eletrônicas extrapolou a imaginação e deixaria frustrados os engenheiros que projetaram a Biblioteca do Congresso Americano, a maior biblioteca do mundo, cujos 144 milhões de volumes agora podem ser espremidos em um espaço equivalente a uma caixa de sapato.

O conforto de não precisar pensar

Depois de tudo isso, parece até que o cidadão contemporâneo não tem mais tempo ou consciência presente para pensar, refletir, meditar, subtrair, alterar ou melhorar as informações que recebe. O volume de dados, a velocidade e a tecnologia mudaram nosso comportamento de tal forma que hoje parece dolorido o ato de pensar, memorizar e lembrar algo. O pior é que o cérebro está se acostumando e se moldando ao conforto do "não pensar".

Estamos criando uma nova geração de seres humanos dependentes da tecnologia para memorizar, decidir e agir, uma geração que o escritor Nicholas Carr e a comunidade científica batizaram de "geração superficial". Por isso, é principalmente agora, no início do século XXI, que começamos a perder o contato com nossa boa e velha memória.

A criptonita da memória

É claro que não são apenas os recursos tecnológicos a causa de nosso esquecimento que tanto afeta as pessoas hoje em dia. Há outras razões fortes. Assim como a criptonita exaure a força do Super-homem, os estados emocionais negativos podem fazer grandes estragos em nossa capacidade de concentração e memorização. O que mais fere uma memória são os estados emocionais negativos. Quando a vida que construímos nos faz experimentar estados mentais nocivos, como estresse, ansiedade, depressão, por exemplo, quando não conhecemos orientações básicas sobre qualidade de vida e passamos a viver no limite, iniciamos um perigoso roteiro rumo ao esquecimento.

Tudo que é bom, assim como tudo que é ruim, estimula o cérebro, especialmente as áreas ligadas às emoções. A lógica das emoções e sua conexão com a memória são fáceis de entender:

- Aquilo de que gosta você faz com atenção, e por isso memoriza.
- Aquilo de que não gosta e, portanto, ao que não dispensa atenção, você não memoriza.
- Quando você está emocionalmente bem, sua memória funciona bem.
- Quando você está emocionalmente mal, sua memória funciona mal.

Essas regras se aplicam a todas as atividades, sejam elas pessoais, sociais, acadêmicas ou profissionais. É fácil, portanto, entender por que o grau de atenção e memorização varia tanto de uma hora para outra. Assim como existem meios para melhorar o desempenho da memória humana, existem também meios de prejudicá-la. E permita-me dizer: prejudicar a memória é mais fácil do que você imagina.

Por exemplo: um executivo pode acordar bem-humorado, mas, ao sair de casa e encontrar um congestionamento, ele se estressará, pois chegará atrasado ao trabalho.

Logo que chegar ao escritório, se receber a notícia de que as ações que comprou de uma determinada empresa estão caindo vertiginosamente, experimentará uma emoção negativa. De imediato, seu estado emocional, que antes era estresse, receberá a visita da ansiedade, e esse profissional permanecerá com ela durante todo o expediente.

No final de um dia, ao retornar para casa, se ele resolver correr durante quarenta minutos na esteira e, em seguida, tomar uma sauna e uma ducha, e depois for brincar com seus filhos, provavelmente experimentará um estado emocional melhor. No fim desse dia difícil, é certo que o executivo terá muitas lições para registrar em sua memória. Algumas das experiências que ficarão gravadas provavelmente serão:

- Trânsito engarrafa inesperadamente = evite ou tenha cautela.
- Mercado de ações é um ambiente arriscado = evite ou tenha cautela.
- Exercícios físicos aliviam o estresse = repita mais vezes.

Durante o período em que os estados emocionais negativos guiam nossas ações, a capacidade de raciocínio, atenção e memorização ficam prejudicadas. É nesses momentos de cegueira que deixamos de perceber ou de lembrar detalhes que poderiam fazer toda a diferença.

Por exemplo, no trânsito caótico poderia existir uma saída para uma rua com tráfego mais livre, mas quem consegue se lembrar disso estando com a cabeça quente? No mercado de ações, o executivo poderia se lembrar do conselho de um amigo que disse que aquele movimento de queda era normal, e que na semana seguinte ele poderia estar no lucro. Mas algumas emoções podem bloquear o acesso à memória e não nos deixar lembrar informações básicas.

A rota do esquecimento

Denomino *rota do esquecimento* o caminho que percorremos todas as vezes em que um evento específico altera nosso estado emocional, abalando os pilares da memória e gerando desajustes. Ela é caracterizada por uma sequência de eventos cognitivos que culmina na baixa produtividade.

A ROTA DO ESQUECIMENTO

Estado negativo → Falta de concentração → Dificuldade de memorização ↓
Indisposição ← Fadiga mental ← Lapsos de memória

Estado negativo: Quando estamos estressados com alguém ou com alguma situação, quando estamos em estado emocional alterado, entramos em um estado negativo.

Falta de concentração: O primeiro sintoma que aparece quando ultrapassamos os limites emocionais é a falta de foco ou concentração. É como tentar ler um texto com a cabeça quente. Quando o estresse se instala, você vê a tarefa, mas não a enxerga. Sua capacidade de foco fica drasticamente desviada para o evento estressante, impedindo que você abasteça a memória de modo satisfatório. Sua mente inconsciente sabe em que deve prestar atenção, mas seu consciente está totalmente requisitado, e, por sofrer algum abalo emocional, não consegue manter o foco por muito tempo, deflagrando um segundo sintoma.

Dificuldade de memorização: A memória tem uma ligação íntima com a concentração. Quando trabalham juntas, potencializam e aceleram a aprendizagem. Quando se separam, o caos se instala, dificultando a realização de tarefas simples como acompanhar uma reunião ou ler um contrato. Sem concentração, a memória de trabalho ou operacional é pouco abastecida e seus prejuízos são evidentes. Por exemplo, você não consegue acompanhar a sequência do raciocínio de seu interlocutor, e diz: "O que você estava dizendo mesmo?". Ou então você não é capaz de lembrar a sequência de procedimentos descritos no memorando da empresa. Ou não lembra o nome do cliente que acabou de cumprimentar em uma reunião de negócios.

Lapsos de memória: A falta de concentração causa outro transtorno: os lapsos de memória. Lapsos de memória, ou brancos, são marcados pela dificuldade de acessar memórias necessárias para a compreensão ou realização de tarefas. Imagine que você está conduzindo uma reunião de negócios e falta aquela "palavrinha" que completa seu raciocínio, ou no meio da entrevista de emprego você esquece metade do que tinha para dizer. O branco na memória sempre surge em momentos críticos, em que a emoção é alterada. A falta de concentração produz dificuldade de memorizar e de lembrar. Mas, mesmo nessas ocasiões, você não pode se dar ao luxo de interromper suas atividades simplesmente porque está sofrendo alguns bloqueios de memória. Ao insistir em realizar tarefas sem as condições mnemônicas necessárias, há um gasto maior de energia que leva o cérebro a desenvolver o próximo sintoma, a fadiga.

Fadiga mental: O que acontece quando alguém pega uma toalha e tenta enxugar um bloco de gelo? Nada! Na verdade, ela apenas vai se cansar. Essa metáfora é utilizada para exemplificar aqueles momentos em que você insiste em realizar algo, mas não obtém o resultado desejado. Enxugar gelo cansa tanto quanto insistir ler um texto sem concentração, assistir a um vídeo de treinamento sem o foco necessário ou somar aquela pilha de recibos com a mente cansada. Quando insistimos em realizar tarefas sem concentração e memorização sentimos que estamos enxugando gelo. O máximo que garantimos com isso é uma grande fadiga mental. Fadiga mental é um estado de cansaço em que a mente se encontra quando há um gasto excessivo de energia pelo fato de não estar totalmente focada. Ela pode ser provocada pela insistência em realizar tarefas em um estado emocional desapropriado, o que pode nos levar, finalmente, à indisposição.

Indisposição: A indisposição conclui a última etapa da rota do esquecimento. Sabe quando você se vê diante de uma tela em branco precisando preparar um artigo ou entregar um relatório e as ideias não surgem? Você digita algumas linhas de um texto que deveria ir para a direita, mas o que você vê na tela é um cursor apagando tudo à esquerda. A verdade é que no fundo você não está nem um pouco disposto. Não tem disposição, está sem inspiração, sua mente está sob influência direta da preguiça mental. Todos os seus mecanismos de criatividade, foco e memorização foram suspensos por uma ordem inconsciente. E quando a indisposição se instala, acaba com nossa produtividade.

Seu estilo de vida se reflete em sua memória

Como você pode perceber, os sinais de quem passou dos limites são característicos. Os prejuízos de permitir que estados emocionais negativos incorporem e se manifestem por um longo período nos faz perder o contato com nossa natureza humana e tendemos a criar uma dependência de mecanismos artificiais auxiliares.

A genética humana é perfeita. Somos organismos complexos e completos, mas a falta de um estilo de vida saudável compromete nosso aparato cognitivo, que envolve, entre outras funções, nossa memória e concentração. É preciso e é possível atingir a excelência no uso da memória; entretanto, é preciso investigar com mais profundidade as causas que impedem essa plenitude.

Apesar dos altos e baixos proporcionados pela montanha-russa das emoções, o fato é que sua memória continuará sempre trabalhando em segundo plano, como um programa de computador que processa dados mesmo com a tela minimizada.

Às vezes, o aplicativo que está "processando" em sua mente dificulta ou até mesmo bloqueia o acesso à memória, mas ela sempre estará lá, pronta para servi-lo. Quero dizer com isso que o ponto de partida para turbinar sua memória é, em primeiro lugar, reconhecer o óbvio: o bom ou o mau desempenho da memória está intimamente ligado a seu estilo de vida. Quando você está bem, sua memória funciona bem, e quando você está mal... claro, vai funcionar mal.

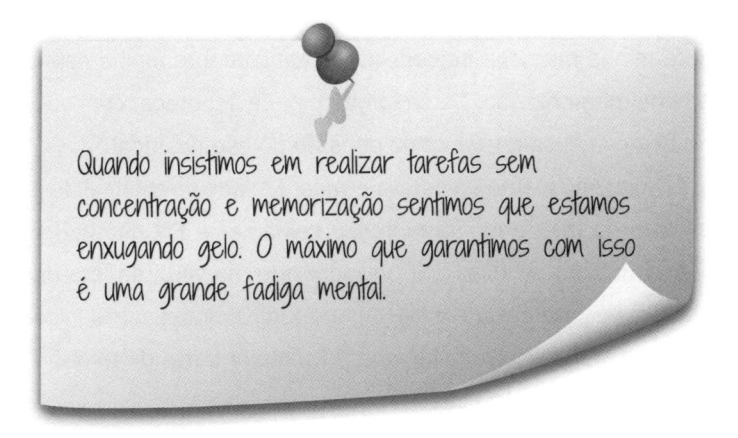

> Quando insistimos em realizar tarefas sem concentração e memorização sentimos que estamos enxugando gelo. O máximo que garantimos com isso é uma grande fadiga mental.

Quando você se propõe a investigar um comportamento ruim e tenta minimizar seus efeitos, oferece a si mesmo um salto de melhora. É o que chamamos de aprimoramento pessoal feito com a investigação das mazelas do próprio ser. Mas devemos tomar certo cuidado com o modo como olhamos para nós mesmos. É preciso olhar o problema a distância, como um espectador; caso contrário, podemos acabar gerando a crença de que somos o problema e incorrer no erro de reforçá-lo.

Meu grande erro foi exatamente esse: quando eu tive problemas por causa de meus esquecimentos, comecei a reforçar a ideia de que possuía uma memória ruim. Talvez isso esteja acontecendo com você agora. Desconfiando de minha memória, passei a agir como um agente de trânsito obcecado por flagrar motoristas. Eu policiava milimetricamente todos os passos de minha memória e cada esquecimento era equivocadamente celebrado, o que me dava cada vez mais certeza de que havia algo de errado comigo.

A questão era que quanto mais eu prestava atenção em meus esquecimentos, mais esquecia! Pensar de modo negativo sobre minha memória influenciava negativamente minha capacidade de memorização. E isso também pode acontecer com você, sendo uma causa relevante na questão do esquecimento.

Hoje, sei quanto eu estava errado. Sei que no tribunal de julgamento da mente minha memória sairia ilesa. Ela não poderia arcar com o ônus de ter um portador que, na verdade, era descuidado, desinteressado e desorganizado. Quantas vezes julguei minha memória equivocadamente? Na maior parte do tempo eu reclamava de memória cheia.

Por isso, a seguir, vamos explorar um mundo de eventos que geram falta de foco e esquecimentos. Você vai se surpreender. Talvez você nunca tenha imaginado como eventos tão simples podem deflagrar problemas de memorização.

CAPÍTULO 3

Os vilões da memória

O caminho para a excelência no uso da memória é identificar o que a bloqueia, ou seja, quais são os vilões da memória. Podemos classificar as causas dos problemas de memória em três grupos:

1. **Causas circunstanciais:** as que são ligadas às circunstâncias eventuais da vida, como pressa, preguiça, má vontade, falta de organização, dentre outras.
2. **Causas fisiológicas:** aquelas que interferem no rendimento do corpo, mas que indiretamente impactam a memória. Noites maldormidas, má alimentação e envelhecimento são alguns exemplos.

3. **Causas psíquicas:** as que estão ligadas a nossas emoções e estados psíquicos, como estresse, ansiedade, bloqueio mental, entre outras.

Quero convidá-lo a conhecer em detalhes esses três grupos. Talvez você se surpreenda com a quantidade de eventos que bloqueiam a memória e como eles influenciam negativamente nosso poder de concentração, memorização e recordação.

1 – Causas circunstanciais

Existem causas de esquecimentos que são ligadas às circunstâncias, e são pontuais. É muito comum, por exemplo, a discussão sobre quem é mais esquecido, o homem ou a mulher. Essa é uma apimentada questão, presente nas rodas de conversa entre amigos, que raramente chegam a um consenso. Na verdade, a resposta mais adequada para esse impasse é: depende da ocasião.

Por exemplo, as mulheres que acabaram de dar à luz, nas primeiras semanas após o parto, normalmente apresentam um quadro agudo de esquecimento. Nessa fase, podem esquecer tarefas básicas, como uma panela no fogo, as chaves na porta, ou a transmissão de um recado. A justificativa, nesse caso, é que durante as primeiras semanas de vida do bebê a mãe sofre com preocupação, tem noites maldormidas por manter o foco total no recém-nascido. Muitas vezes, o frágil bebê exige tanta atenção que algumas esposas chegam a esquecer o próprio marido.

O homem, do ponto de vista biológico e respeitando as leis da teoria da evolução, é um ser mais focado, mais introspectivo.

Essa herança genética veio de nossos ancestrais, os caçadores. Em algumas ocasiões, é essa preciosa capacidade de focar a atenção que pode fazer o homem receber das mulheres o rótulo de esquecido.

A explicação é que, diferentemente das mulheres, que são polivalentes, os homens, quando se concentram em uma tarefa, chegam ao limite de não conseguir prestar atenção em mais nada. Por exemplo, quando assistem a uma partida de futebol, parecem não ouvir o que existe em volta. Nessas ocasiões, são as mulheres que disparam: "Eu falei isso para você, não lembra?". Acredite: ele realmente não lembra!

Quando o assunto é esquecimento, homens, mulheres, crianças, jovens, adultos, idosos, estudantes, profissionais estão todos em pé de igualdade. É bem verdade que esquecer, como diz o renomado neurocientista Ivan Izquierdo, "também faz parte do processo de organização e fortalecimento da memória". Mas, em certas ocasiões, incorporamos tão brilhantemente nosso minuto de esquecimento que os desastres decorrentes podem ser gigantescos. Para algumas pessoas, esquecer é uma rotina, algo tão natural quanto lavar o rosto ou se olhar no espelho. O motivo é a falta de orientação sobre como evitar os esquecimentos. Entenda: não é possível conduzir a vida como se não houvesse nada a fazer.

É importante que as circunstâncias em que os esquecimentos ocorrem sejam identificadas e estudadas. Muitas delas, como você verá logo mais, chegam a ser ridículas, daquelas que nos fazem perguntar: "Como pude esquecer isso?".

As causas circunstanciais dos esquecimentos que você encontrará a seguir foram selecionadas criteriosamente durante meses de observações, entrevistas e estudos de casos. Elas o ajudarão a perceber que, sim, os esquecimentos podem ocorrer por razões extremamente simples, mas que também podem ser evitados com medidas simples. Notará que homens e mulheres podem e devem se vacinar contra os esquecimentos. Vamos aos motivos.

Quando tudo não passa de falta de organização

Muito daquilo que chamamos de esquecimento está intimamente ligado à falta de organização. A pessoa desorganizada, sem métodos, perde mais tempo, prazo, objetos, dinheiro, prestígio, confiança e, claro, oportunidades.

O contrário, isto é, uma pessoa organizada, costuma ser rápida, eficiente, ganhar tempo, ser mais produtiva e confiável. A pessoa organizada não esquece o que precisa ser lembrado, ao passo que o desorganizado vive perdido em sua própria bagunça.

Sob efeito da preguiça mental

Outro fenômeno que paralisa a memória é a preguiça mental. Ela é equivalente à tradicional preguiça ou indisposição física para realizarmos tarefas que demandam esforço físico. A preguiça mental faz com que não prestemos atenção ao evento corrente porque, assim como a preguiça física, é reflexo de um estilo de vida que prioriza a lei do mínimo esforço, ou seja, é o pensamento que diz: se podemos economizar energia, então para que gastá-la?

O corpo e a mente precisam ser estimulados para que não se tornem lentos. Deixar de ler um livro por preguiça é perder uma grande oportunidade de desenvolver o raciocínio, a memória e a inteligência. É o equivalente a ficar hibernando dentro de um apartamento, sentindo a maior preguiça, enquanto um sol radiante e uma vida intensa o aguardam do lado de fora.

A fatídica má vontade

Você já ouviu falar que "quem faz malfeito faz duas vezes"? Agimos com má vontade quando somos obrigados a fazer algo que não queremos realmente fazer. Criamos resistência contra a tarefa e nos afastamos mentalmente dela, permitindo que a queixa domine a consciência e sequestre a atenção.

Ao realizarmos algo com má vontade, dificultamos o funcionamento natural da memória e, naturalmente, não nos lembramos de detalhes importantes sobre a execução.

A pressa é inimiga da memorização

Há um ditado popular que diz que a pressa é inimiga da perfeição. Mas quando se trata de memória, vale também considerar que a pressa é inimiga da memorização. Com pressa, sempre deixamos passar despercebido algum detalhe, pois não é possível agir e avaliar ao mesmo tempo. Pular etapas ou esquecer informações importantes durante a execução de tarefas estão entre alguns dos prejuízos acarretados pela pressa.

O apressado normalmente não segue planejamento algum. Acordar um pouco mais cedo, antecipar-se para realizar tarefas com mais calma e não deixar nada para a última hora não existem na rotina do apressado. Da mesma forma, a memória e a concentração também não o conseguirão acompanhar.

A mecânica rotina

Muitas vezes, nós nos flagramos com aquela terrível dúvida: "Será que eu fiz isso ou aquilo?". Quando você chega a esse estágio, significa que deixou alguns procedimentos repetidos com certa frequência caírem na rotina.

Rotina é a mecanização da mente, isto é, de tanto repetir uma mesma tarefa você passa a realizá-la sem pensar, sem dar-lhe a devida a atenção. Daí, então, surge a dúvida: "Será que eu fiz?".

A rotina faz com que você perca o contato consciente com as tarefas. A concentração e a memória fazem o mesmo. No final, sobram apenas aquela desconfortável e irritante dúvida e o trabalho de voltar e conferir se realmente fez.

Excesso de informação

Abastecemos a memória com a captação de informações feita por meio dos cinco sentidos. Não são poucas essas informações. Estudos mostram que, em um dia normal, o cérebro humano processa cerca de 2 milhões de informações.

O excesso de informação causa uma sobrecarga no sistema cognitivo, produzindo fadiga e um contato cada vez mais superficial. Algumas das informações podem simplesmente ser ignoradas gerando o indesejado esquecimento.

Uma pesquisa realizada nos Estados Unidos entre 2008 e 2009 pela Nielsen Company revelou que o tempo dedicado pelos norte-americanos à TV chega a 153 horas por mês. Na internet, são mais 33 horas semanais, ou seja, o volume de informações que tentamos processar diariamente extrapolou os limites do bom processamento do cérebro humano, e isso pode causar déficit de memória.

A perigosa distração

- "O que eu ia dizer mesmo?"
- "O que vim fazer neste cômodo?"
- "Será que tomei o remédio?"

Quem nunca se flagrou com esse tipo de dúvida? A distração é uma das grandes vilãs que interferem no processo de memorização. O motivo disso é que, se enquanto você conversa sobre finanças com alguém, uma parte de seu cérebro ficar pensando no seminário que vai apresentar na faculdade, correrá o risco de não conseguir completar o raciocínio e até de falar alguma besteira.

A distração é um sequestro da atenção, que tira o foco de uma atividade para que você possa prestar atenção em outra. No ano de 1890, o psicólogo William James observou que a distração não é um grande mal, mas uma virtude necessária em muitos aspectos. Ele explicava que devido à capacidade de mudar o foco de uma para muitas atividades é que conseguíamos realizar diversas tarefas.

Para pilotar uma motocicleta, por exemplo, é preciso controlar nossos quatro membros, cada um desempenhando uma tarefa diferente. Por outro lado, a mesma capacidade de focar várias informações ou atividades simultaneamente nos faz perder detalhes relevantes, dificultando a recordação.

Maturidade: quando muita experiência atrapalha

À medida que envelhecemos, ficamos mais experientes. Quanto mais experientes somos, mais criteriosos e seletivos nos tornamos. Diferentemente de um adolescente, que está receptivo a tudo, o sujeito maduro escolhe a que e a quem deve prestar atenção. A armadilha do esquecimento é acionada justamente quando temos o poder de decidir onde focar a atenção. Isso mesmo: ser seletivo demais pode se tornar uma armadilha para a memória.

Muitas vezes, a maturidade nos faz escolher não prestar atenção a eventos importantes. Por exemplo, um gerente muito experiente pode simplesmente ignorar o comentário de um subordinado pelo mero fato de ignorar a opinião de subordinados. Ocorre que tal opinião poderia ter a ver com uma decisão estratégica da empresa, e então o subordinado poderia dizer: "Mas eu informei isso ao senhor!", e o gerente contraporia: "Imagine! Eu não me lembro de você ter dito isso!". Realmente, ele não tem o que lembrar.

Algumas pessoas, ao supor que já sabem muitas coisas sobre a vida e sobre a dinâmica dos outros, terminam perdendo o contato com o mundo das coisas simples, e assim, desperdiçam grandes oportunidades de estimular a memória.

Permita-me dizer uma coisa: esquecimentos podem e devem ser evitados principalmente quando consideramos prejuízos, muitas vezes incalculáveis, que eles podem causar. Não estamos condenados a encalhar na praia dos resignados, ao contrário, devemos investigar em que circunstâncias o esquecimento se deu e promover ações para corrigir e prevenir, para que não voltem mais a acontecer.

2 – Causas fisiológicas

Nosso organismo apresenta dois grupos de estados: os estados emocionais e os estados físicos. Assim como os emocionais, os estados físicos também exercem forte influência no desempenho da memória. A memória de uma pessoa fisicamente cansada tem um desempenho abaixo daquela de alguém que, por exemplo, acabou de despertar de uma noite bem dormida.

Alunos que se matriculam no período noturno para poder trabalhar durante o dia acabam comprometendo o grau de atenção nas explicações do professor em virtude do cansaço. Evidentemente, com dedicação e disciplina em estudos complementares feitos nos finais de semana esses alunos chegam ao topo, mas o esforço mental exigido é maior que para aqueles que têm o privilégio de estudar no período da manhã ou da tarde.

Em uma rotina de trabalho existem tarefas que exaurem fisicamente o profissional, em especial aquelas que exigem esforço físico. Existem também tarefas puramente mentais, mas que sobrecarregam mecanismos físicos como a visão, durante a leitura. Caso também do *designer*, por exemplo, que passa horas a fio em frente à tela de um computador. Ou do analista financeiro, que fica o dia todo sentado, ou do professor, que fica o dia inteiro em pé. Eles também podem sentir fadiga física, que influenciará a capacidade de foco e memorização.

À medida que o corpo envelhece experimentamos um declínio natural das funções físicas do organismo. A visão, a audição, o olfato, o paladar e o tato de um idoso não são os mesmos de um jovem de 18 anos. Nessa fase, é natural também que alguma informação proveniente desses sentidos não atinja os compartimentos da memória. Fica mais difícil memorizar aquilo que você não viu ou ouviu, não é verdade?

A partir dos 45 anos de idade, não apenas a memória, mas todo o organismo inicia, ainda que lentamente, e dependendo do estilo de vida da pessoa, um processo de declínio natural. Acontece, porém, que existem milhares de pessoas no mundo que simplesmente ignoram essa verdade cientifica. Vivem seus 50, 60, 70 anos de idade como se tivessem 20 anos. Sim, existem doenças degenerativas, mas muitas causas fisiológicas nocivas à memória podem ser evitadas com a adoção de um estilo de vida mais saudável.

A seguir, você conhecerá as principais causas fisiológicas que levam ao esquecimento. Trata-se apenas de um breve relato de como cada uma delas pode prejudicar nossa memória.

Envelhecimento

É natural que, com a chegada da idade, algumas funções do organismo trabalhem em um limite bem maior que quando gozamos de juventude e vitalidade. Com o envelhecimento, a velocidade já não é mais a mesma, nossa visão perde o foco, a audição também sofre prejuízos, e os estímulos táteis já não transferem tantas informações para o cérebro como quando se é jovem.

Um idoso, ao perder 30% de sua capacidade de visão, naturalmente enviará menos informações, com menor nitidez, para a memória. Com a idade, também reduzimos em 50% nossa capacidade de audição, e, naturalmente, o declínio desse sentido também influenciará a retenção de diálogos, reuniões, palestras ou programas de TV.

Felizmente, a ciência tem avançado; as cirurgias de correção da visão e os equipamentos auditivos estão cada vez mais sofisticados, funcionais e acessíveis, diminuindo consideravelmente a perda de informações geradas por esses sentidos.

Mal de Alzheimer: A temida doença

O Mal de Alzheimer é uma doença neurodegenerativa que causa perda de grupos de neurônios do sistema nervoso, especialmente aqueles associados à memória. Doenças neurodegenerativas são reflexos do aumento da expectativa de vida da população. Se a humanidade atingisse facilmente mais de 100 anos de idade, muito provavelmente quase todos seríamos vítimas dessas doenças em algum momento. O Alzheimer acomete cerca de 10% da população de idosos acima dos 65 anos que tenham casos semelhantes na família.

Um apagão chamado amnésia

Amnésia é um bloqueio total ou parcial da memória. Dentre as principais causas está o alcoolismo crônico, o uso de drogas, o choque emocional, o choque térmico, o traumatismo craniano e até mesmo o ato sexual (neste último caso, é um fenômeno bastante raro!). Normalmente, o bloqueio da memória é temporário, e a recuperação pode ocorrer em poucas horas, semanas, meses ou anos.

Má alimentação

O cérebro humano pesa, em média, 1,3 quilo, mas é responsável pelo uso diário de 25% da energia que consumimos. Quando não nos alimentamos adequadamente, e, principalmente, nos horários certos, o sistema nervoso inicia um processo de economia de energia. As primeiras funções do cérebro prejudicadas quando não nos alimentamos adequadamente são as capacidades de atenção e retenção de informações, o que, claro, influencia o bom funcionamento da memória.

Falta de disposição física influencia as lembranças

A falta de disposição física pode afetar sua capacidade de memorização. Sem pique, não interagimos ativamente com o mundo, e, portanto, não percebemos plenamente o que está acontecendo a nosso redor.

Por exemplo, imagine que você está de férias no litoral, mas em vez de fazer uma deliciosa caminhada pela orla, pelo calçadão, passear de barco, fazer uma aula de mergulho, subir até o mirante e assistir ao por do sol, nadar ou sair com os amigos, prefere ficar estendido no sofá vendo televisão. Quando voltar de viagem, provavelmente não terá o que contar, apenas as notícias da televisão. Não terá energia para viver, interessar-se pelas coisas e guardar fatos e lembranças na memória

O perigoso sono insuficiente

O sono é o que permite que exista o processo de consolidação de memórias. Tudo que você aprende durante o dia é registrado na memória durante o sono REM, aquele em que seus olhos se movem e durante o qual também ocorrem os sonhos. Quando você não dorme o suficiente, não faz a consolidação, e, com isso, pode comprometer o aprendizado. Quando você não dorme bem também acaba se sentindo cansado, indisposto, mal-humorado, desconcentrado e desmemoriado. O mundo moderno muitas vezes nos obriga

FAÇA SEU CÉREBRO TRABALHAR PARA VOCÊ [63

a dormir menos para adquirir mais informações. No entanto, quanto mais informações você recebe, melhor deve ser a qualidade de seu sono. Eis o paradoxo que prejudica o processo de memorização.

Alcoolismo e drogas que detonam a memória

A ciência já provou há tempos que a dependência química é altamente prejudicial ao cérebro humano, especialmente pela acelerada e gradativa perda de neurônios. O uso de álcool e drogas é altamente agressivo para o sistema nervoso central. O abuso ou a dependência dessas substâncias vai prejudicar a capacidade de memorização.

Com exceção da amnésia e do mal de Alzheimer, todas as outras causas físicas que prejudicam a memória podem e devem ser prevenidas. Mesmo os efeitos do envelhecimento sobre a memória podem ser retardados investindo principalmente em atividade física e outras soluções que veremos mais tarde. Vamos investigar, agora, a influência dos estados emocionais negativos.

3 – Causas psíquicas

Sabe qual é a diferença entre você e seus antepassados no que diz respeito às emoções e ao estado psicológico? Nenhuma. Os mesmos estados emocionais que seus pais e avós experimentaram são, talvez, os que você experimenta hoje. Ansiedade, depressão, estresse, medo, desmotivação e outros sempre temperaram a consciência humana.

As emoções são as mesmas, mas as causas são, provavelmente, outras. Por exemplo: se antigamente seu avô se estressava por falta de informação, hoje você se estressa pelo excesso dela. Se naquela época ele se irritava por ter de ir devolver uma ficha de cadastro em um gigantesco arquivo morto da empresa, hoje você se irrita porque a internet está lenta e por isso não consegue concluir seu imposto de renda.

Estados emocionais complexos são nossos companheiros inseparáveis. Eles nos acompanham desde sempre e é provável que tenham interferido na qualidade dos processos de memorização e recordação de nossos parentes tanto quanto interferem hoje. Estados emocionais são reações a situações que muitas vezes não estamos preparados para enfrentar. Por exemplo, você já ficou ansioso diante de uma apresentação em público e quase sofreu um apagão? Já ficou nervoso em uma entrevista de emprego e se esqueceu de informar vários aspectos importantes de sua carreira profissional?

Estados emocionais são grandes parceiros na formação da memória quando positivos, como alegria, otimismo e motivação, mas também se configuram como verdadeiros carrascos quando não sabemos nos posicionar diante de seus caprichos.

Envolver-se em situações que geram grande carga de estresse, ansiedade, irritação, raiva pode alterar a química cerebral e bloquear os mecanismos de memorização. Por exemplo: você já tentou ler um texto com a "cabeça quente"? Provavelmente, não vai lembrar nada depois.

O déficit de memória é apenas um exemplo de como as emoções negativas podem interferir em seu processo de memorização. Conheça, a seguir, outras causas emocionais e como elas podem interferir em seu rendimento.

Estresse: a vida sob pressão

Estresse é uma reação do organismo produzida por situações críticas ou mal resolvidas. Pode também ser resultado de acúmulo de tarefas no ambiente de trabalho ou responsabilidades assumidas. Toda situação que nos pressiona gera o estresse. O estresse interfere em nosso metabolismo, em nosso sistema imunológico, produz perda de qualidade de vida e dificulta a capacidade de concentração. Segundo um estudo, para cinco minutos de estresse experimentamos seis horas de baixa resistência. Resultado: não só sua capacidade de memorização e recordação sofrem o impacto do estresse, mas sua saúde como um todo é ameaçada.

A ansiedade que corrói

Quer descobrir como se flagra um curioso? Diga: "Amanhã eu conto a você". E como se flagra um ansioso? Diga: "Amanhã eu lhe conto", e você vai se surpreender com a resposta! Basta isso para os ansiosos se denunciarem.

A ansiedade geralmente diz respeito a algo que ainda não aconteceu. Ansiedade é a antecipação de um cenário crítico produzido pelo modo de pensar. Ela é fruto da preocupação, que, por sua vez, impedirá que você se concentre no que está fazendo. E a falta de concentração, naturalmente, dificultará a memorização e a recordação.

Depressão: tristeza sob medida

Às vezes ficamos magoados, tristes ou chateados em função de decepções que sofremos com outras pessoas ou com nós mesmos quando não atingimos certos objetivos. Esses sentimentos fazem que a mente fique presa ao passado, remoendo lembranças e críticas sobre o que fizemos ou deixamos de fazer, sobre o que nos disseram ou sobre nossas expectativas frustradas. A mente presa ao passado nos afasta do presente, e isso explica o fato de pessoas deprimidas geralmente não perceberem as novidades e o mundo maravilhoso que as cerca. Daí a queixa de dificuldade de memorização e recordação.

As consequências da desmotivação

Desmotivação é uma espécie de sedentarismo da mente. Ela flerta com a depressão. Reduz drasticamente a capacidade de fixação das memórias pelo simples fato de não existirem motivos para fixá-las. Por exemplo, um profissional desmotivado, ao realizar uma tarefa reclama: "Não gosto desta tarefa". Nesse momento, ele está se bloqueando para a tarefa e, mesmo que a realize, não terá muito foco. A desmotivação pode ser provocada por um diálogo interno mal conduzido ou pela simples ausência de um diálogo apropriado.

Toda memória é boa

Um experimento realizado com macacos na Universidade de Wisconsin, em Madison, mostrou que os neurônios do cérebro dos primatas se reorganizavam quando algum nervo do corpo era propositalmente rompido, deixando de enviar estímulos elétricos. O experimento provou que outras áreas do cérebro compensavam a perda de estímulos da região inativa. Esse trabalho foi repetido centenas de vezes, em 1968, por um cientista chamado Michael Merzenich. Foi Merzenich que deu início aos estudos do fenômeno que hoje conhecemos como neuroplasticidade.

A neuroplasticidade estuda como o cérebro pode modificar radicalmente sua estrutura em resposta a experiências fortes ou repetitivas geradas por estímulos externos ou pela intensidade de um determinado modo de pensar.

Na década de 1990, um grupo de pesquisadores britânicos estudou os cérebros de dezesseis taxistas londrinos que tinham de dois a quarenta anos de experiência ao volante. O estudo revelou que a parte posterior do hipocampo (parte do cérebro que organiza as recordações) era maior que o normal naqueles que desempenhavam a profissão havia mais tempo. Isso significava que o cérebro dos profissionais mais experientes havia mudado fisicamente e melhorado em função da atividade que exerciam. Alguns taxistas eram capazes de lembrar a localização de quase 20 mil ruas.

Por meio do fenômeno da neuroplasticidade o cérebro humano é capaz de compensar e melhorar o desempenho de diversas funções, inclusive a memória. O primeiro passo para melhorar a memória é controlar os problemas que a bloqueiam. Quando controlamos as causas liberamos uma energia que nos mantém em foco de modo muito mais intenso, e isso nos permite vivenciar melhor as experiências.

Usar a memória com inteligência proporciona estimulação adicional nas regiões do hipocampo, e, de carona, melhoram a criatividade e o raciocínio. A seguir, veremos que usando as ferramentas certas é possível desenvolver uma memória extraordinária.

Talvez você estivesse pensando que sua memória não tinha mais solução, uma vez que atingiu uma determinada idade e por isso está fadado ao esquecimento.

Permita-me dizer uma coisa: eu também pensava assim. Porém, quando passei a conhecer as estratégias para lembrar, quando me dispus a aprender a usar minha memória com inteligência e a confiar muito em meu poder de memorização, consegui dar uma grande virada em minha vida pessoal, acadêmica e profissional. Dali em diante, nunca mais sofri com esquecimentos e risquei de minha vida, definitivamente, o verbo esquecer. Treinei minha memória de tal forma que me habilitei a quebrar recordes, e foi assim que, de esquecido passei a ser conhecido como o primeiro recordista brasileiro de memória.

Se quiser melhorar sua memória e evitar qualquer tipo de esquecimento, quero ajudá-lo a desenvolver sua capacidade de lembrar e a torná-la melhor do que você imagina.

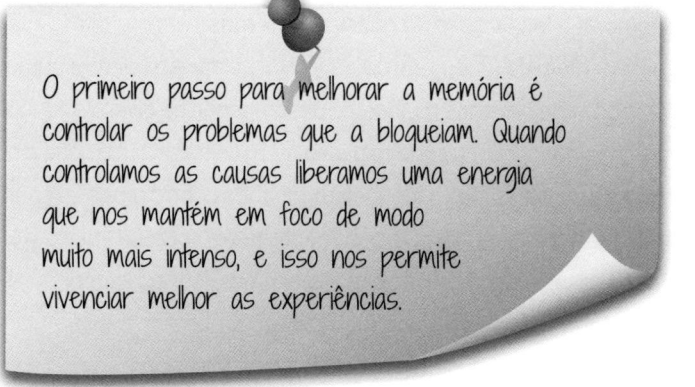

O primeiro passo para melhorar a memória é controlar os problemas que a bloqueiam. Quando controlamos as causas liberamos uma energia que nos mantém em foco de modo muito mais intenso, e isso nos permite vivenciar melhor as experiências.

Quero lhe dar a chave para que você use sua memória com inteligência, como eu faço todos os dias, e aumentar seu potencial de memorização. Permita-me ajudá-lo a também riscar de seu vocabulário o verbo esquecer e a viver uma experiência muito mais rica com sua memória treinada e poderosa.

CAPÍTULO 4

A chave para desenvolver sua memória

Memorizar é um processo ativo

A chave para ter uma memória excelente não está em um frasco de remédio, mesmo porque ainda não existem remédios que façam lembrar, por exemplo, o local onde você estacionou o carro ou quais foram os tópicos abordados naquela reunião na qual você ficava mandando torpedos pelo celular.

A memória humana não é um dispositivo físico como um chip na placa de um computador. Memória é uma função especializada do cérebro. A chave para ter uma excelente memória está no modo de usá-la.

É como fazer um bolo: os ingredientes são, claro, muito importantes, mas é a mão de quem cozinha que faz toda a diferença.

O jeito de misturar a massa, o momento certo de colocá-la na assadeira, o tempo de cozimento, enfim, o modo de fazer o bolo é tão importante quanto os ingredientes. Essa metáfora se aplica perfeitamente à memória.

Você está lendo este livro porque deseja uma memória mais eficiente. Então, permita-me dizer: memorização é um processo ativo, e não passivo. Se você deseja realmente memorizar ou lembrar alguma coisa, terá de fazer algo a respeito. Terá de ativar a memória e envolvê-la no processo.

A melhor forma de fazer isso é colocando o cérebro para trabalhar. O contrário, ou seja, quando não envolvemos a memória nas atividades, é passividade pura. Por exemplo: você foi ao restaurante almoçar e, ao sair, deixou o celular em cima da mesa. Pergunto: que culpa a memória teve nesse episódio?

A resposta é: nenhuma. Talvez a memória tenha saído do restaurante da mesma maneira como entrou: em sono profundo. Você não a envolveu no processo, não pediu sua ajuda, não fez nada para lembrar, nem mesmo olhou para trás e conferiu se estava deixando algo.

Você não pode confundir descuido com esquecimento, nem falta de memória com falta de organização.

Lembrar é um mecanismo de defesa

É importante deixar claro: a memória é, antes de tudo, um mecanismo de defesa e uma máquina de registrar oportunidades. Ela é mecanismo de defesa porque, ao memorizarmos experiências negativas ou traumáticas, evitamos repeti-las. Ela significa também oportunidade, porque ao registrarmos momentos especiais, lugares, alimentos e pessoas agradáveis, sentimos o desejo de repetir essas experiências.

Na mitologia grega encontramos uma história que mostra isso. Mnemósine, filha de Urano e Gaia, é a deusa da memória. Mãe de nove musas, que, por sua vez, personificavam poesia, história, romance, música, tragédia, hinos, dança, comédia e astronomia, Mnemósine representava todo tipo de proteção contra os perigos dos esquecimentos. Era uma espécie de heroína porque protegia a memória das pessoas contra as adversidades. Ela preservava o conhecimento (as nove musas) e os mais íntimos segredos.

A memória humana é como Mnemósine. Guarda nossos hábitos, comportamentos e modelo de saúde. Nela estão escritos os padrões de nosso corpo que dão o alerta ao sistema nervoso, exatamente como faz o antivírus de um computador quando identifica ataques de arquivos indesejados. Por isso, a memória pode ser considerada, de certa forma, um mecanismo de defesa. Não é o raciocínio, e sim a memória, que primeiro nos alerta quando situações críticas oferecem riscos.

O mito da memória boa ou ruim

É importante esclarecer o mito da pessoa com boa memória (ou com péssima memória). É comum admirarmos aquelas pessoas que aparecem na televisão por conseguirem memorizar um monte de números, palavras, cartas de baralho e uma porção de outras coisas.

Demonstrações de memória realmente despertam muita curiosidade. Confesso que antes de treinar minha memória, eu achava que aquilo era impossível que tudo não passava de truque. Só depois fui descobrir que, mundo afora, não só existem pessoas dando shows de memória, como existem até campeonatos de memorização. Tudo bem: não é todo dia que conhecemos alguém que ganhou um troféu por guardar o máximo de informações na memória. Na verdade, é mais fácil encontrar o oposto: pessoas campeãs em esquecimentos.

A verdade é que, até hoje, não conheci ninguém do ramo da memorização que se tornou campeão porque nasceu com boa memória. Pessoas com boa memória muitas vezes nem tomam conhecimento do privilégio mnemônico que possuem. Elas simplesmente vivem sua vida, realizam suas tarefas, sem se preocupar com a memória, sem duvidar do potencial que possuem.

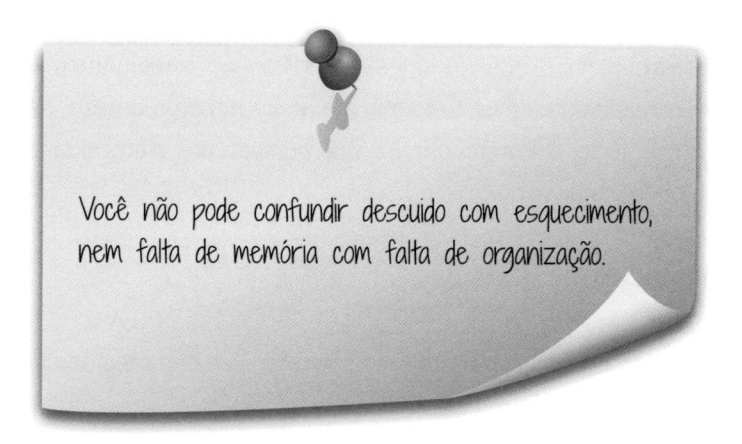

> Você não pode confundir descuido com esquecimento, nem falta de memória com falta de organização.

O que vemos na televisão é verdadeiro, mas fruto de muito treinamento. A boa notícia é que são pessoas normais e que um dia resolveram investir em sua memória.

Comigo também foi assim. Antes de desenvolver minha memória, em uma época em que eu me sentia realmente frustrado, caiu em minhas mãos um velho livro que mudaria toda a minha história. Era um livro sobre técnicas mnemônicas, escrito na década de 1970 por um americano chamado Harry Lorayne.

Lorayne era daquelas pessoas de admirar. Memorizava o nome de mais de trezentas pessoas, gravava rapidamente uma lista com mais de cem palavras e recitava, sem fazer nenhuma consulta, um número de duzentas casas decimais. Confesso que fiquei muito curioso com as habilidades daquele campeão, mas, no início, achei que nada daquilo deveria dar certo, que era um patamar mnemônico inatingível para pessoas comuns.

Porém, minha intuição me encorajou a pelo menos experimentar. Foi o que fiz, e não muito tempo depois, já estava certo de que investir em minha memória havia sido a melhor escolha da minha vida. Por isso, eu garanto: todas as pessoas saudáveis, sem as doenças que citei anteriormente, podem treinar e ter uma memória excelente. Basta reprogramá-la e treiná-la.

A reprogramação da memória

Se a memória é uma função do cérebro, então é razoável concordar que, como função, podemos reprogramá-la. Essa é a tese da Programação Neurolinguística (PNL).

A PNL é uma ciência criada com base em um amplo estudo realizado pelos matemáticos e pesquisadores Jonh Grinder e Richard Bandler. Eles descobriram, ao analisar a experiência humana do ponto de vista dos diálogos internos, que a forma como construímos nossos pensamentos pode influenciar radicalmente nosso comportamento, e que os resultados obtidos por uma pessoa de sucesso podem ser modelados e também reproduzidos por outras pessoas, levando-as a obter os mesmos resultados.

A boa notícia é que os diálogos internos se aplicam também aos mecanismos de memória. A maneira como você estimula a memória, ou seja, o modo como dirige seu diálogo interno pode ativar (um processo ativo!) sua memória e transformá-la em uma poderosa máquina de registrar conhecimento. E qual é o modo certo de nos comunicarmos com nossa memória? É o que veremos a seguir.

A mente no presente

A mente humana, muitas vezes, pode ser comparada a um pêndulo. Assim como o pêndulo que transita de um lado a outro, a mente transita entre o passado e o futuro, permanecendo pouco tempo no presente.

É quando estamos no presente que a memória apresenta seu melhor desempenho. Por volta dos 2 anos de idade, época em que iniciamos o processo de formação da linguagem, o mundo passa a fazer sentido para nós. Reconhecemos nossos pais, lugares, brinquedos favoritos, enfim, começamos a abastecer a memória.

Se você é pai, mãe ou convive com crianças de até 3 anos de idade, observe-as a distância e veja os movimentos dos olhos delas. Note que, em certos momentos, elas ficam alertas, prestando atenção a tudo e a todos. Nem sempre essa atenção utiliza os olhos, e sim o ouvido, e a criança está presente e absorvendo tudo.

Essa entrega total ao presente, essa conexão direta com tudo que ocorre ao redor faz que a memória da criança se pareça com uma esponja, no sentido de absorver tudo. Pais boquiabertos se orgulham dizendo: "Ela é muito inteligente, lembra tudo nos mínimos detalhes".

Na verdade, você também era assim quando pequeno, e toda criança faz uso de uma estratégia poderosa e infalível: elas vivem no presente e fazem perguntas para se alimentar de conhecimento.

Contemplar para lembrar

Não dá para negar a importância da memória (passado) em nossas tomadas de decisão. Você dá um passo atrás para avançar dois à frente. Tudo que você faz, da escolha dos alimentos em uma mesa ao filme que vai ver no cinema, do percurso que pretende traçar na viagem até o modelo de seu próximo veículo, tudo que decide é comparado, primeiro, ao conhecimento adquirido anteriormente.

A frequência com que pesquisamos nosso acervo interno muitas vezes nos faz acreditar que nossas memórias do passado são nossas melhores experiências. Assim, começamos a proferir frases que fincam ainda mais nosso pé no passado:

- "Antigamente, as coisas eram melhores, minha memória vivia sua época de ouro."
- "Lembro-me detalhadamente de acontecimentos de minha infância e juventude, mas não consigo me lembrar do que comi hoje no almoço."

O segredo número um para se lembrar das coisas é primeiro contemplar. Por isso, dispense os aparelhos. Ao jogo de futebol ou àquele show maravilhoso, vá desprovido de equipamentos de registro e contemple o espetáculo. Se você quiser rever aquele acontecimento, basta comprar um DVD ou acessar o YouTube, e verá milhares de informações a sua disposição.

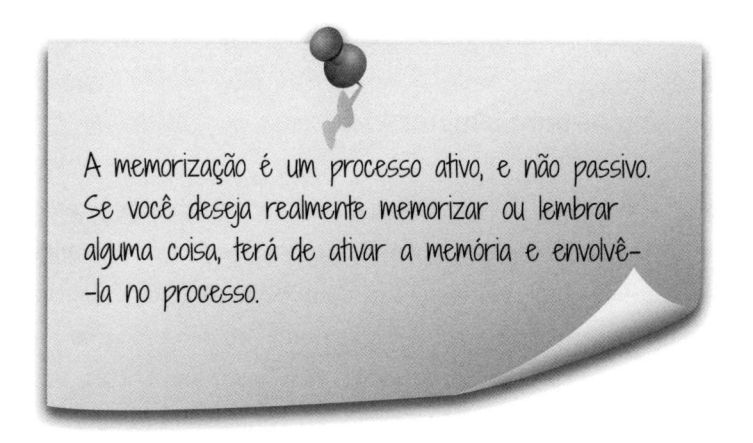

> A memorização é um processo ativo, e não passivo. Se você deseja realmente memorizar ou lembrar alguma coisa, terá de ativar a memória e envolvê-la no processo.

Ao passear por uma praia paradisíaca prefira se sentar na areia e sentir o vento, desfrutar o sol ou aquele momento com alguém. Sinta seu corpo, sua pele, em vez de simplesmente perder aqueles raros e valiosos momentos tirando fotos. Durante uma palestra, em vez de gravar, tente prestar atenção ao que o palestrante ensina.

Mantenha-se vivo, acordado e presente, participando como protagonista de cada momento valioso de sua vida. Fazendo isso seu processo de memorização se torna ativo, e sua memória vai agradecer pelo novo e inovador modo de ver o mundo.

Diálogo interno: a chave

Todos nós admiramos pessoas que não esquecem nada: não perdem prazos, não sofrem prejuízos nem perdem oportunidades em decorrência de esquecimentos. Você também pode ser assim. O segredo está no diálogo interno.

O diálogo interno é usado para fazer a modelagem de comportamento, que é um método que consiste em observar o comportamento que admiramos em outras pessoas e seguir os mesmos padrões para obtermos resultados semelhantes. O campeão de luta de boxe Muhammad Ali dizia: "Se você quer ser o melhor, tem de fazer o que fazem os melhores".

A modelagem da memória implica, basicamente, imitar o diálogo interno que as pessoas de sucesso utilizam em seus processos de memorização. Foi assim que aprimorei minha memória e acabei com os esquecimentos. Vou mostrar como elaborar um bom diálogo interno.

Quando conversamos com outras pessoas usamos diversas partes do cérebro. Para você entender o que alguém está dizendo sua mente precisa ouvir, interpretar, extrair a essência da mensagem para, em seguida, decidir e agir.

Por exemplo, se alguém lhe disser: "Não pense na resposta de quanto é dois vezes dois", em que você pensa? Provavelmente no número quatro, não é? Parece mágica. Mas como ele surgiu em sua mente, se a mensagem pedia exatamente para você não pensar nele? Essa é a lógica do diálogo interno.

Vamos observar o que acontece em seu cérebro em detalhes, quadro a quadro, como se diz em linguagem televisiva. Se nossa mente seguisse um algoritmo de programação de computador, provavelmente a leitura seria algo parecido com isso:

```
TAREFA:   "Não pensar na resposta de quanto é dois
          vezes dois".
MÁQUINA:  "Não pensar que dois vezes dois são
          quatro".
MÁQUINA:  "Não pensar em quatro".
MÁQUINA:  "Erro no sistema!".
```

Como você pode perceber, o sistema entra em colapso ao identificar uma incongruência. Seguindo essa mesma lógica, dentro de certas proporções, está a mente humana. O que aconteceria se alguém dissesse: "Não se esqueça de telefonar para o Marcelo"? Em que você pensa?

A cena do esquecimento começa a ser ensaiada dentro da cabeça, e a tarefa segue pronta para ser esquecida. Parece simplista, mas é assim que começam muitos esquecimentos. Para entender essa mensagem, a mente gera, em um plano inconsciente, a cena do esquecimento, deixando a pessoa predisposta a esquecer.

O resultado é que esse diálogo interno vai produzir o esquecimento e um provável prejuízo. A solução para evitar esse padrão nocivo é a reprogramação por meio da modelagem de um diálogo interno ativo, ou seja, um comportamento que gere o comprometimento da memória com a tarefa.

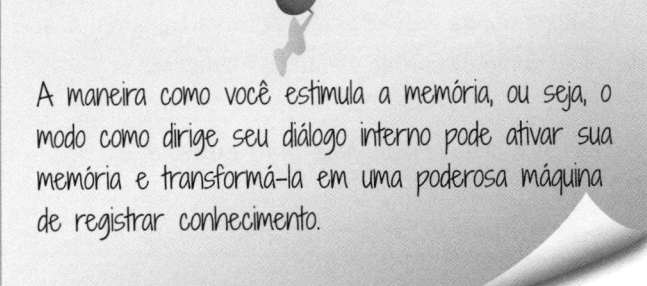

> A maneira como você estimula a memória, ou seja, o modo como dirige seu diálogo interno pode ativar sua memória e transformá-la em uma poderosa máquina de registrar conhecimento.

A melhor forma de gerar esse comprometimento é eliminando de seu vocabulário a frase: "Não posso esquecer". Em vez de dizer, por exemplo, "Não posso me esquecer de dar o recado", você deve experimentar um comando ativo com mais recursos; uma pergunta é o ideal: "O que posso fazer para lembrar?".

Toda pergunta pede uma resposta e a busca pelas respostas certas é um poderoso e incomparável processo ativo de uso do cérebro.

Pense em alguns esquecimentos importantes que sofreu nos últimos dias. Faça uma reflexão profunda e tente imaginar o que teria acontecido se você houvesse feito uma pergunta como essa. Que respostas ou soluções tentaria criar?

Neste momento, existe algo importante que você precisa lembrar para realizar mais tarde? Então, proponho o desafio de interromper a leitura agora e perguntar: "O que posso fazer para lembrar?".

Esse será seu novo mantra: "O que posso fazer para lembrar?".

A resposta será o caminho para evitar o esquecimento. Assim, a partir deste momento, todas as vezes que precisar memorizar algo realmente importante, faça o que fazem as pessoas que não esquecem: responda a uma pergunta que vai transformar sua memória e seu comportamento diante das lembranças:

"O que posso fazer para lembrar?"

Memorize primeiro, lembre depois

Para lembrar as coisas, em primeiro lugar é preciso levar em conta que a recordação está intimamente ligada à memorização, isto é, a recordação só se manifesta se algo realmente foi memorizado.

Muitas vezes, as pessoas se queixam de sua memória quando tentam se lembrar de algo, mas não percebem que esse algo não existe em seus arquivos porque não foi previamente memorizado.

Como é que alguém pode lembrar, por exemplo, o nome de uma pessoa que acabou de conhecer se, no momento em que ela disse o nome, uma moto barulhenta passou e não a deixou ouvir? Como é que alguém pode se lembrar do caminho de volta se na ida ele estava dormindo no banco do passageiro? Como um aluno de pós-graduação vai lembrar a matéria se durante a exposição do professor estava ocupado com um joguinho no celular?

Por isso, não lembrar algo não revela exatamente um problema de memória, mas pode mostrar que não houve qualquer preocupação em memorizar aquela informação. Quem não memoriza não tem o que lembrar, concorda? Essa regra se aplica a tudo: ao nome de um filme, ao título de um livro ou ao nome daquele prato delicioso que você experimentou em uma viagem etc.

Você é o responsável pelo processo de memorização. Você é quem escolhe prestar atenção e memorizar o que quiser, desde um complexo nome de remédio até uma tarefa ou um texto. Tenha em mente a ideia fixa de que a memorização eficaz é um processo ativo, e não passivo. "O que fazer para lembrar?" Lembre-se do mantra! Você não pode ficar esperando que algo ou alguém desperte seu interesse e promova a memorização. Sabemos que nem todos os lugares são estimulantes, nem todas as pessoas são interessantes e nem todas as atividades são agradáveis de realizar, mas temos de estar preparados para tudo.

Os métodos mnemônicos

Existem alguns métodos para lembrar as coisas, os chamados métodos mnemônicos, usados para construção de memória e posterior recordação. Existe uma piada que mostra bem isso:

Dois amigos conversam: "Estou tomando um ótimo remédio para memória", um deles diz. "Que bom. E qual é o nome do remédio?", pergunta o outro. "O nome?", ele coça a cabeça. "Deixe-me ver... Como é mesmo o nome daquela flor bonita, vermelha, que tem o caule cheio de espinhos?". "Rosa!", responde o amigo. E o outro diz: "Rosa, meu bem, como é o nome daquele remédio que estou tomando para a memória?".

Quando o amigo pergunta o nome da flor, ele está, na verdade, pensando alto, está estimulando a memória por meio de um processo ativo, ou seja, criando caminhos para estimular a recordação. É preciso louvar o esforço! Todos os dias, você tem a oportunidade de utilizar a memória com inteligência e produzir lembranças detalhadas. Para isso, basta utilizar um método mnemônico funcional.

O uso de métodos mnemônicos data de antes de Cristo. A inspiração nasceu da necessidade de registrar conhecimentos em um mundo em que as melhores mídias eram as placas de argila, as tábuas de cera e os caríssimos pergaminhos, como já contei. O melhor lugar para armazenar conhecimento era, de fato, a memória humana. Usar a memória com inteligência foi uma escolha óbvia e natural.

Simônides, o poeta grego, foi um dos primeiros casos conhecidos de uso de técnicas mnemônicas. Ele era capaz de recitar poemas completos em apresentações públicas. Conta-se que após uma dessas apresentações, o templo do qual acabara de sair ruiu, matando todos os presentes. Coube a Simônides e a sua treinada memória lembrar a localização exata de cada um dos presentes, para a identificação dos corpos.

Para criar uma estratégia de memorização campeã é preciso, antes de tudo, estudar a relevância da lembrança. Considera-se conteúdo relevante todo aquele cujo local de armazenamento são os compartimentos de nossa memória:

- Aquele texto exclusivo de um livro de atualização profissional.
- Os conselhos do especialista apresentados durante a palestra da empresa.

- A opinião do cliente sobre a utilização de um produto ou serviço.
- Os principais contatos telefônicos de seu celular.

Quando você avalia a relevância de uma informação, tem a oportunidade de escolher qual será o melhor processo de memorização. Quando assume a decisão escolher para onde enviar cada tipo de informação, alcança o silêncio mental propício para o aprendizado. Considerando as virtudes da memória natural mais o importante auxílio dos gatilhos de memória e o suporte das memórias externas, sua jornada rumo ao esquecimento zero torna-se completa.

Um bom método mnemônico não deve ser difícil de usar, nem deve exigir horas de treinamento ou associações mentais acrobáticas. O método deve ser mais fácil que procurar papel e caneta para fazer uma anotação. A aplicação deve ser imediata para que encoraje novas utilizações. A seguir, vou mostrar alguns bons métodos de memorização, para você lembrar tudo que achar importante.

> Um bom método mnemônico não deve ser difícil de usar, nem deve exigir horas de treinamento ou associações mentais acrobáticas. O método deve ser mais fácil que procurar papel e caneta para fazer uma anotação.

CAPÍTULO **5**

O método das associações simples

A técnica mnemônica de associação de palavras, números e ideias é um recurso muito poderoso para formação de memórias de longo prazo. É também um dos recursos mais engraçados, divertidos e simples de utilizar, dentro da gama de estratégias de memorização. É como uma caixa de soluções prontas para você sacar a qualquer momento e evitar esquecimentos. A técnica consiste em ligar informações por meio de associações livres de ideias. Por exemplo:

- Eu digo pão, você responde manteiga.
- Eu digo avião, você responde passageiro.
- Carro: passeio.
- Dinheiro: liberdade.

- Saudade: abraço.
- Amor: coração.

Quando visitamos o Nordeste brasileiro sempre nos deparamos e nos divertimos com a velocidade com que os repentistas improvisam canções ao abordar os turistas. Você pode fazer a mesma coisa com palavras, fazendo rimas engraçadas.

Por exemplo, dicionário rima com missionário, conversar com condecorar, bandeira com bobeira. Com o tempo, praticando essas associações você sentirá que seu raciocínio está bem mais veloz, e a busca por lembranças na memória muito mais eficiente. Com o passar do tempo, a utilização de técnicas mnemônicas será muito mais precisa.

A seguir, o passo a passo do método de associação de ideias:

1. Crie uma lista com a sequência de informações que deseja memorizar.
2. Busque uma palavra concreta para substituir cada uma das palavras. Aplique, para isso, o modelo de associação de ideias.
3. Uma vez criada a lista de palavras substitutas, basta criar uma história bem engraçada para ligar as palavras.
4. Leia-a pelo menos três vezes, visualizando as cenas em sua mente. O segredo será a força das imagens que criar em sua mente e o grau de concentração aplicado.
5. Pegue, então, uma folha e escreva o nome de todas as palavras que você memorizou, reconstruindo a lista de palavras

associativas. Caso não se lembre de uma ou outra palavra, o ideal é refazer o filme em sua mente. Insista. É só uma questão de prática, e você fará filmes bem criativos.
6. Teste se consegue lembrar. Curta, então, o novo conteúdo devidamente gravado em sua memória!

Para lembrar palavras ou listas

Veja, no exemplo a seguir, como fica mais simples memorizar a sequência de informações com o uso de técnicas de memorização por associação. Que tal memorizar, por exemplo, o nome dos 27 livros do Novo Testamento da Bíblia? Na coluna da esquerda está a lista deles. Na coluna da direita estão palavras que coloquei por associação de ideias:

LIVRO	ASSOCIAÇÃO
MATEUS	MATE (chá)
MARCOS	MARCA
LUCAS	LUVA
JOÃO	JÔ (Soares)
ATOS	ATOLADO
ROMANOS	ROMA
CORÍNTIOS I	CORINTHIANS (time)
CORÍNTIOS II	CORINTHIANS (time)
GÁLATAS	GALAXY (carro antigo)
EFÉSIOS	FEZES
FILIPENSES	FILIPINAS
COLOSSENSES	COLÔNIA

LIVRO	ASSOCIAÇÃO
TESSALONISSENSES I	TEXTO
TESSALONISSENSES II	TEXTO
TIMÓTEO I	TIMÓTEO (Agnaldo cantor)
TIMÓTEO II	TIMÓTEO (Agnaldo cantor)
TITO	TÍTULO
FILEMON	FILÉ MIGNON
HEBREUS	HEBE
TIAGO	TIME
PEDRO I	PEDRA
PEDRO II	PEDRA
JOÃO I	JÔ (Soares)
JOÃO II	JÔ (Soares)
JOÃO III	JÔ (Soares)
JUDAS	JUDAS
APOCALIPSE	APÓLICE (seguro)

A história que criei foi a seguinte:

O chá MATE caiu deixando uma MARCA.
A MARCA foi feita na LUVA.
A LUVA deu um tapa no JÔ.
O JÔ ficou ATOLADO em ROMA.
Em ROMA havia dois times do CORINTHIANS.
O time do CORINTHIANS entrou em um GALAXY.
O GALAXY escorregou nas FEZES.
As FEZES foram enviadas para as FILIPINAS.
Nas FILIPINAS havia uma COLÔNIA.

A COLÔNIA era feita com casas de dois TEXTOS.
Os TEXTOS foram cantados por dois Agnaldos TIMÓTEOS.
TIMÓTEO disputava um TÍTULO.
O nome do TÍTULO era FILÉ MIGNON.
O FILÉ MIGNON foi entregue pela apresentadora HEBE.
A HEBE se equilibrava sobre duas PEDRAS.
As PEDRAS acertaram três JÔ Soares.
Três JÔS foram brigar com JUDAS
JUDAS consultou sua APÓLICE de seguro.

Para memorizar, isole-se, concentre-se e leia o texto atentamente por três vezes, visualizando um filme que passa dentro de sua memória. Pare a leitura e dedique-se a isso agora. Você levará no máximo três ou quatro minutos para memorizar tudo.

Pegue uma folha e escreva todas as palavras que você memorizou, reconstruindo a lista. Faça isso agora. Agora que consegue lembrar a sequência de palavras, basta ler uma última vez os nomes dos livros no Novo Testamento. Tenho certeza de que você conseguiu!

Para lembrar textos ou sequências

Veja outro exemplo de técnica de associação. Imagine que você está assistindo a um programa de culinária que está apresentando aquela receita de bolinho de chuva que você tanto desejava. Você olha a seu redor e não há papel e caneta para anotar. Não se desespere! Concentre-se e associe os ingredientes com as partes de seu corpo. Estude o exemplo e, a seguir, leia o texto sobre como aplicar a técnica:

RECEITA BOLINHO DE CHUVA	ASSOCIAÇÃO
2 ovos	Cabelo
1 xícara de açúcar	Testa
1 ½ xícara de leite	Olhos
2 ½ xícaras de farinha	Nariz
1 colher de chá de fermento	Orelhas
1/2 colher de chá de sal	Boca
2 colheres de sopa margarina	Queixo
Óleo para fritar	Pescoço

O segredo da formação da memória será a força de sua visualização, e, neste caso, como usamos o corpo, a utilização de gestos será bem-vinda para envolver a memória sinestésica. Então, concentre-se, isole-se e siga as orientações a seguir.

- Leia o texto pelo menos três vezes visualizando e fazendo gestos (eles serão importantes, dedique-se!)

1. Quebre 2 ovos em seu cabelo.
2. Esfregue 1 xícara de açúcar na testa.
3. Derrame 1 ½ xícara de leite dentro dos olhos (no da direita 1 xícara e no da esquerda apenas 1/2).
4. Coloque 2 ½ xícaras de farinha no nariz (dois espirros fortes e um fraco).
5. Enfie 1 colher de chá de fermento na orelha.
6. Esfregue ½ colher de chá de sal m sua boca (por fora).
7. Passe 2 colheres de sopa de margarina em seu queixo.
8. Passe óleo em seu pescoço.

Agora que terminou, repasse os itens, conferindo com as partes de seu corpo, e finalmente transcreva no papel. Sugiro que faça isso agora e somente depois volte ao texto.

Viu como foi fácil?

Dominando algumas técnicas mnemônicas de associação você será capaz de eliminar a dependência de memórias artificiais em várias ocasiões. Você pode treinar este exercício algumas vezes até conseguir fazê-lo instantaneamente no decorrer de um programa de televisão, por exemplo.

Para lembrar senhas e números

Você também pode usar a associação para memorizar números como senhas de banco, por exemplo. Para isso, crie senhas com sequências de imagens de atividades rotineiras, como o horário de acordar e de dormir, de almoçar e de jantar.

Um exemplo: Você acorda às 6h30 e dorme às 22 horas e deseja criar uma senha para uma conta no Banco do Brasil. Esses dados podem ser utilizados para criar a senha: 630220. Feito isso, basta imaginar-se acordando e dormindo em meio aos caixas eletrônicos, dentro do Banco do Brasil. Objetivo: todas as vezes que você for ao banco, lembrará as cenas de acordar e de dormir, e naturalmente lembrará: 630220.

Outro método de criar senhas e lembrá-las é usando os números de seu manequim. Minha camisa, por exemplo, é número 38, a calça 40 e os sapatos 41. Nesse caso, posso criar a senha: 384041. Durante muito tempo essa foi uma das minhas senhas preferidas, uma sequência simples e fácil de lembrar.

Para pessoas que utilizam a senha eventualmente, como quem a usa apenas uma vez por mês, por exemplo, o ideal é revisar a senha para formar memória de longo prazo. Para isso, fotografe ou faça um desenho do teclado do caixa eletrônico e treine a senha pelo menos uma vez por semana.

Para lembrar nomes e fisionomias

Para memorizar nomes e fisionomias as associações também oferecem soluções simples, seguras e eficientes. Veja como aplicar esse método para isso.

O primeiro passo para lembrar o nome das pessoas é interessar-se por elas! Pode parecer simplista, mas, nas relações pessoais, nem sempre o foco está na pessoa. Por exemplo, um vendedor pode estar mais interessado em saber quanto você vai gastar do que em saber quem você é. Se seu nome, para ele, ficou em segundo plano, a memorização não se efetivará.

Quando estiver conhecendo alguém, tenha o cuidado de olhar nos olhos e se interessar legitimamente pelo ser humano que está diante de você. Siga estes passos:

- Ouça o nome com atenção e, caso não o entenda, pergunte novamente.
- Se conhecer alguém com o mesmo nome de outra, mencione o fato destacando uma qualidade da pessoa que você já conhece, por exemplo: "Tenho uma amiga chamada Bia, é uma excelente advogada". Isso gera empatia.

- Se for um nome diferente, peça mais informações. Por exemplo, pergunte qual a origem do nome. Conheci um rapaz em Salvador, Bahia, chamado Ilhesauro. Seu nome era a junção de Ilhéus com Lauro, respectivamente o local onde nasceu e o nome do avô, Lauro.
- Pronuncie o nome da pessoa durante todo o tempo que estiver com ela. Por exemplo: "Seja bem-vindo, senhor Ilhesauro"; "Aguarde um momento, Ilhesauro".

O segredo é citar o nome no mínimo seis vezes, sempre olhando nos olhos da pessoa, pois os olhos são o sentido mais estimulante e poderoso da memorização. No final do dia, revise mentalmente o nome das pessoas que conheceu, lembrando-se dos assuntos sobre os quais conversaram e, principalmente, do rosto delas. Para memorizar o rosto de seu novo amigo, siga os seguintes passos:

- Observe atentamente o rosto da pessoa, especialmente o olhar. Tente notar, de preferência no rosto, algo que chame sua atenção e use isso para relacionar com o nome. Por exemplo: Meu nome é Renato e minhas orelhas são grandes. A rena (do Papai Noel) também tem orelhas grandes. Nesse caso, use essa informação (orelha de rena) para se lembrar de meu nome (Renato).
- Você conheceu alguém chamado Adriano. Você percebe que ele tem o cabelo comprido repartido ao meio, lembrando a letra "A" de Adriano. A Sílvia tem cabelos cacheados, lembrando a letra "S". O Guilherme é muito

alto, tem o corpo "esGUIo". O Sebastião tem a pele oleosa como sebo, isso lembrará o nome, Sebastião.

- Se sentir que voltará a encontrar determinada pessoa no futuro, procure, como já mencionei, no final do dia relembrar o nome e o rosto dela. Isso garantirá a formação de memória de longa duração e, obviamente, a recordação no momento adequado.

Experimente esse método com fotografias de revistas e jornais e, em seguida, com pessoas reais com as quais tem contato no dia a dia. Você vai notar que o foco, somado ao interesse e à técnica de guardar nomes e rostos, tornará sua memória mais afiada para esse tipo de informação.

Para lembrar-se de dar recados e fazer favores

Para lembrar-se de dar um recado a alguém procure fechar os olhos e imaginar o rosto da pessoa. Tente imaginá-la fazendo careta, pulando, mostrando a língua ou algo que seja bem engraçado. Isso será suficiente para fixar a mensagem em sua memória, e quando estiver diante dela, lembrar-se de transmitir o recado.

Se a tarefa for lembrar-se de fazer um favor a alguém, então devemos primeiro lembrar que no ambiente de trabalho, em geral, as pessoas não gostam muito de fazer favores, especialmente pela sensação de ter mais um item para lembrar diante da longa lista de tarefas diárias que já têm para cumprir. Mas se essa realmente for sua missão, então é simples: faça imediatamente, pois muito dos esquecimentos ocorrem porque deixamos para depois.

Não podendo dar o recado no momento, utilize técnicas mnemônicas de associação. Por exemplo, se o recado era pagar uma conta de seu amigo em seu horário de almoço, imagine-se comendo o vale-refeição temperado com azeite e sal. Usando essa técnica de associação, quando for pagar a conta do restaurante e pegar o vale-refeição nas mãos, automaticamente se lembrará do favor.

Como você viu, as técnicas de associação oferecem um poderoso recurso para turbinar sua memória. Não exigem nenhum treinamento exclusivo, mas apenas a inclusão da técnica em seu dia a dia, aproveitando situações do cotidiano, como ir ao mercado (usando a técnica da lista de palavras), memorizar os compromissos da agenda diária (usando as partes do corpo). Em pouco tempo você estará fazendo tudo automaticamente e começará a impressionar as pessoas com sua memória afiada.

CAPÍTULO 6

O método dos gatilhos de memória

Tente se lembrar de uma ocasião em que ficou a semana inteira se esforçando para não esquecer uma tarefa importante, mas, na hora H, esqueceu. Ficou frustrado, não é? Certa vez, fiquei a semana inteira, dia e noite, repetindo para mim mesmo que não poderia me esquecer de comparecer à secretaria da faculdade na sexta-feira, às 10 horas da manhã, para renovar minha bolsa de estudos. No dia marcado, o que aconteceu? Esqueci completamente! Perdi a bolsa de estudos durante um semestre inteiro.

Quantas vezes nos esforçamos ao máximo para não esquecer algo importante, mas nem todo o esforço do mundo nos ajuda a evitar o esquecimento? Sabe por que isso acontece? Guarde bem o que vou lhe dizer: lembrar não é uma questão de esforço, é uma questão de estratégia.

Você não precisará ocupar sua mente repetindo o dia todo a mesma tarefa se puder criar uma estratégia simples que não o deixe esquecer. A estratégia à qual me refiro é chamada de *gatilho de memória*.

Gatilhos de memória são soluções simples, criativas e instantâneas que podemos sacar da manga a qualquer momento, com o objetivo de evitar esquecimentos. Eles são utilizados especialmente para nos lembrar de tarefas descartáveis, isto é, aquelas que, após ser realizadas, já podem ser esquecidas.

Por exemplo: lembrar-se de falar algo a alguém, de tomar um remédio, de desligar uma panela no fogo ou de devolver um objeto emprestado. Veja alguns exemplos de uso de gatilhos de memória.

Para lembrar-se de tomar um remédio no horário

Para se lembrar de tomar um remédio na hora certa, recomendo deixar o medicamento próximo de algo ou em um local em que você tenha de passar para cumprir uma rotina.

Por exemplo, se o medicamento deve ser tomado em jejum, então deixe-o sobre a tampa do vaso sanitário ou sobre sua escova de dentes, pois esses são os primeiros lugares para os quais você se dirige ao levantar da cama. Deixar a escova de dentes sob a caixinha do remédio também pode ajudar em momentos como o horário do almoço, se o remédio tiver de ser tomado logo após as refeições. Se tiver de ser ingerido antes de dormir, o ideal é que ele fique sobre o criado-mudo, de preferência na frente do visor do relógio, pois sempre o consultamos antes de deitar.

Para lembrar-se de beber água

Um gatilho de memória funcional para se lembrar de beber água é manter a água por perto, sobre sua mesa ou em uma garrafa dentro da bolsa. Você pode fazer isso durante alguns dias, até seu organismo assimilar e repetir o ato de beber água naturalmente. Para isso, as frasqueiras de água são ideais, fáceis de levar na bolsa, no carro ou de deixar sobre a mesa do escritório.

Para lembrar-se de falar com alguém

Tenho consciência de que o que é importante deve ser gravado na memória, mas, por exemplo, se você precisa se lembrar de que amanhã de manhã, quando for para o escritório, precisará falar com determinada pessoa, não precisa ficar a noite toda pensando nessa tarefa. Então, que tal enfiar um pedaço de papel na argola da chave do carro? Esse será um infalível gatilho de memória.

Se, ao terminar de atender a um telefonema precisar se lembrar de que há uma pessoa esperando por você na recepção, coloque o grampeador no braço da cadeira. Isso quebrará a rotina e o ajudará a não esquecer.

Para lembrar-se de realizar tarefas incomuns

Os gatilhos de memória podem ser úteis para se lembrar de fazer tarefas que você não faz rotineiramente. A aliança de casamento colocada no dedo da outra mão poderá lembrá-lo de que você ficou de dar carona amanhã cedo para um amigo. Por que vai funcionar? Quando estiver enchendo as mãos de água para enxaguar o rosto, a primeira coisa que vai sentir é a aliança trocada, e, logo em seguida, vai se lembrar do carona.

Para lembrar-se de realizar tarefas rotineiras

Para lembrar-se de realizar tarefas simples ou rotineiras, como molhar uma planta, tirar uma panela do fogo ou colocar um cinto de segurança, os gatilhos de memória também são bem-vindos.

Por exemplo, para as pobres plantas que sofrem secas nas mãos dos esquecidos, podemos associar o ato de beber água ao de aguar as plantas. Para isso, coloque um pequeno vaso com uma planta delicada em cima de seu filtro de água, na cozinha. Todas as vezes que estiver enchendo o copo para beber, vai se lembrar de dar água também para a plantinha, e, automaticamente, para todas as outras da casa.

Para não esquecer as panelas no fogo, a melhor dica é não sair da cozinha durante o preparo das refeições. Mas, se tiver de fazê-lo para atender ao telefone, à porta ou ver algo interessante na televisão, leve um utensílio com você. Pode ser a concha com a qual mexia o alimento ou a tampa de outra panela. O objeto fora de contexto o ajudará a lembrar-se do fogão.

Para lembrar-se de não deixar a chave por fora

Trancar a porta e esquecer a chave pendurada por fora é uma situação que você também evita com gatilhos de memória. Nesse caso, coloque a chave da porta no mesmo chaveiro em que está a chave do carro. Assim, obviamente, você terá de trancar a porta e levar a chave consigo.

Para lembrar-se de não deixar a bolsa ou carteira para trás

Para não esquecer a carteira em locais públicos, a dica é sempre mantê-la junto ao corpo, dentro do bolso no caso dos homens ou de uma bolsa, no caso das mulheres. Se você está, por exemplo, almoçando em um restaurante e sente a carteira incomodando no bolso da calça, então prefira deixá-la em seu colo ou embaixo da perna. Fazendo isso, cria-se um estímulo que, tal qual um emissor GPS, o lembrará o tempo todo de sua localização.

Em sala de aula e restaurantes, em especial, já vi muitas mulheres colocarem suas bolsas embaixo da cadeira, correndo o risco de levantar e sair deixando-a para trás. Nesses casos, o ideal é pendurá-la na cadeira em que está sentada com o cuidado de manter contato físico com a bolsa. Por exemplo, pode ser a alça tocando em suas costas ou o cotovelo tocando o fecho da bolsa. A ideia é criar um estímulo físico que a ajudará a se lembrar de pegar sua bolsa antes de sair do local.

Para lembrar onde está o celular

Como todo objeto pequeno, o telefone celular deve sempre estar junto ao corpo de seu dono, seja em um dos bolsos da calça ou do casaco, ou ainda dentro da bolsa. Outra dica é dar preferência aos aparelhos menores e leves, que permitem amarrar um cordão e pendurá-los no pescoço como se fosse um crachá. Deixá-lo sempre junto da carteira ou das chaves do carro também evitará sair do local e esquecê-lo, uma vez que sem as chaves fica mais difícil ir embora.

Para lembrar onde colocou os óculos

A melhor maneira de não esquecer os óculos é mantê-los na cabeça enquanto não os estiver usando nos olhos. Para quem tem pouco ou nenhum cabelo, deixe os óculos presos na camisa ou no bolso da frente da calça, local mais discreto. Há quem prefira cordões especiais para óculos, que permitem carregá-los ao pescoço, como um colar. Com essas medidas, será bem mais difícil esquecer esse acessório tão importante.

Para lembrar onde colocou as chaves

As chaves são tão antigas quanto o Império Romano, e talvez circulem entre nós por mais algumas décadas. Algumas providências podem ajudar a não as esquecer. Para chaves únicas ou muito pequenas, prefira chaveiros grandes com cores chamativas, que são mais fáceis de visualizar e, portanto, mais difíceis de perder.

Organize suas chaves em um único chaveiro. Por exemplo, chaves do carro, da porta de casa e da porta do escritório, além da do portão da chácara, ficam todos na mesma argola. Ande com as chaves no bolso, evitando deixá-las em cima da pia quando for ao banheiro público, por exemplo.

Para lembrar-se de pegar de volta o cartão de pagamento

Cartões de crédito e de débito também são dinheiro e exigem os mesmos cuidados que temos com o de papel. A primeira dica é evitar sair de casa com muitos cartões, pois quanto mais cartões perdidos, mais dores de cabeça. Ao entregar um cartão em uma loja, procure acompanhar visualmente todo o procedimento. Assim, você vai se lembrar mais facilmente de resgatá-lo e de guardá-lo após digitar a senha. Outra dica é deixar o dedo polegar no local em que o cartão estava ao tirá-lo da carteira. Desse modo, você criará um estímulo que o lembrará de pegar o cartão de volta.

Para lembrar onde pôs o *pen drive*

O minúsculo dispositivo de memória com capacidade para armazenar uma biblioteca inteira é uma ferramenta incrível, exceto por seu tamanho, que, de tão pequeno, torna muito fácil sua perda ou esquecimento.

Uma boa dica para não perder de vista seu *pen drive* é colocá-lo junto a uma chave que você utiliza com frequência, como a chave da porta da casa ou a do carro (neste último caso, tenha o cuidado de retirá-lo do chaveiro ao levar o carro ao lava-rápido ou ao mecânico, por exemplo). Algumas pessoas também investem em chaveiros grandes, chamativos e coloridos para fixar o pequeno pente de memória e deixá-lo sempre visível. Algumas marcas lançaram modelos de *pen drive* em formatos inusitados, de carro, de objetos de escritório ou de animais. A ideia, além do *design* diferenciado, também é deixá-los maiores e visíveis, evitando a perda ou o esquecimento.

Para lembrar-se de devolver algo que tomou emprestado

Uma regra para o bom convívio social é nunca tomar nada emprestado, nem dinheiro e nem objetos. Acredite: a maioria das pessoas não gosta de emprestar. Caso o empréstimo seja inevitável, tente devolver o mais rápido possível, no mesmo dia, quem sabe, ou programe o dia exato em que fará a devolução. Marque em seu calendário pessoal essa informação como compromisso importante e, no dia marcado, faça sua parte.

Para lembrar para quem emprestou algo

Quando emprestamos objetos como livros, filmes e ferramentas que não utilizamos com frequência acabamos vítimas do passar do tempo e do esquecimento. Explico: faz tanto tempo que você emprestou aquele livro que já esqueceu para quem foi. Para resolver esse problema, a melhor saída é determinar para a pessoa um prazo de devolução, como fazem as bibliotecas. Diga algo como: "Vou precisar desse livro na sexta-feira". Dessa forma, você estará sugerindo uma data para a devolução. Outra dica útil pra quem empresta livros, por exemplo, é deixar ao lado da estante de livros uma prancheta com uma planilha para anotar a data, o nome do livro ou filme que foi emprestado e para quem. Fazendo isso você não ficará no prejuízo.

Para lembrar onde estão os documentos

Onde foi parar o recibo de venda do carro? Onde coloquei o passaporte? Cadê meu título de eleitor? Quem nunca se deparou com esquecimentos desse tipo? Para evitar transtornos decorrentes da perda de documentos, o ideal é sempre andar com o mínimo possível na bolsa ou na carteira.

Por exemplo, na carteira de habilitação estão contidos também os números de RG e CPF, assim, basta que você ande apenas com o primeiro documento. Os outros devem ser guardados em uma pasta exclusiva para documentos. Certidões de casamento e nascimento devem ser guardadas em um saco plástico hermético fechado (para não pegar umidade). Documentos pequenos como RG, CPF, título de eleitor e carteira de reservista devem ser colocados dentro de um envelope pequeno.

Cartões de crédito e débito irão para outro envelope, e aqueles comprovantes de que você votou nas eleições anteriores, em outro envelope. Documentos grandes como títulos de previdência e escrituras de imóveis podem ficar no fundo da pasta, devidamente organizados.

Para lembrar-se de apagar as luzes

A causa desse esquecimento pode estar relacionada à falta de um condicionamento familiar para esse comportamento útil e econômico. Nesse caso, recomenda-se uma conversa, uma espécie de acordo em família, pelo qual todos se comprometam a manter as luzes apagadas ao sair dos cômodos. É preciso que se faça um verdadeiro trabalho em equipe, que um cobre o outro quando se der o esquecimento. Em poucos dias cria-se esse bom condicionamento e acabam de vez os esquecimentos. Outra solução é colar adesivos acima do interruptor de luz com um rosto sorridente desenhado em um fundo amarelo solicitando que a luz seja apagada. Isso funciona bem como um gatilho de memória, uma vez que o adesivo chamará a atenção de quem sai do local.

Para lembrar-se de desligar a TV

Normalmente, são as crianças que saem do cômodo e deixam a televisão ligada. Nesse caso, um bom papo sobre economia e sustentabilidade resolve, pois as crianças são bem sensíveis a esses assuntos ligados ao meio ambiente. Hoje, dispomos também de aparelhos com sensor de presença, que desliga a tela na ausência de pessoas no local. Embora o equipamento ainda fique ligado, o problema é parcialmente resolvido. Outra solução é programar a função *timer* para desligar a televisão em trinta, sessenta, noventa ou até cento e vinte minutos. Sendo assim, caso sinta que poderá dormir na frente da TV ou sair do local e demorar a voltar, a tecnologia resolverá o problema.

Para lembrar-se de usar o cinto de segurança

Para lembrar acerca da importância do uso do cinto de segurança alguns carros de luxo são equipados com um alarme sonoro que alerta o motorista a prendê-lo. Infelizmente, os modelos mais simples ainda não oferecem esse dispositivo, embora devessem. As pesadas multas de trânsito também não deixam muitos motoristas esquecerem esse valioso acessório. Em último caso, uma dica para evitar essa falha é: ao sair do carro, puxe o cinto e passe-o ao redor da alavanca da seta. Dessa forma, para entrar novamente no carro você terá de retirar o cinto de sua frente, e ainda com ele nas mãos, sente-se e engate-o definitivamente.

Para lembrar trajetos e lugares

Primeiro, é preciso entender que lembrar trajetos e lugares são competências da memória visual. Isto significa que, quando pedir uma informação no trânsito, você não deve se limitar a ouvir as informações passadas, mas deve também visualizar os detalhes do trajeto, fazer um desenho em sua mente. Experimente visualizar a seguinte informação: "Siga em frente e na terceira rua, vire à esquerda. Vá direto até o primeiro semáforo, atravesse a avenida e entre na primeira à esquerda. Quando vir um posto de gasolina a sua direita, vire nessa rua e vá até o meio do quarteirão, onde encontrará seu destino".

Agora, tente repetir essa informação buscando em sua memória as imagens construídas. Ficou mais fácil, concorda? Então, quando estiver indo para algum lugar diferente e precisar retornar pelo mesmo caminho, preste atenção em todos os detalhes dos lugares por onde passou durante a ida.

Para lembrar-se de acionar o alarme do carro ou da casa

É muito comum que, mesmo depois de acionar o alarme de sua casa ou de seu carro, surja em sua mente, alguns minutos depois, a clássica duvida: "Será que eu acionei o alarme?".

É muito ruim ter de voltar a um lugar só para conferir uma tarefa que devíamos ter dado por realizada. Pois bem, para evitar esse trabalho dobrado, o ideal é focar a atenção no momento em que realiza a tarefa. E a melhor maneira de saber que está focado na tarefa é conversar consigo mesmo durante sua realização. Por exemplo: ao fechar a porta do carro, diga para si mesmo: "Pronto! Fechei a porta do carro". Ao trancar a porta da casa, diga: "Tranquei a porta de casa".

Além de falar, vale também a velha e eficiente conferida. Sendo assim, pegue na maçaneta do carro e confira se a porta realmente fechou. Coloque a chave no bolso e dê aquela batidinha para conferir.

Para lembrar onde deixou o carro

Convenhamos: o estacionamento é o lugar mais chato de um shopping center. Note que quando entramos em um estacionamento lotado inicia-se uma caçada em busca da primeira vaga disponível. Na prática, não nos importamos com o andar ou o local, queremos desesperadamente uma vaga para deixar o carro e curtir o passeio. A ansiedade da busca pela vaga, pelo horário de fechamento do shopping, para evitar a fila do cinema, tudo isso nos bloqueia para algo também muito importante: onde estamos deixando o carro.

Para memorizar a vaga em que você deixou o carro vale uma técnica básica de associação. Por exemplo: o carro ficou no segundo andar, na rua D5. Feche os olhos e visualize no segundo andar um dominó gigante com apenas 5 peças, uma em cada vaga de garagem. Se o carro foi estacionado na vaga C6, feche os olhos e imagine Carro com 6 rodas. Isso será o suficiente para lembrar a vaga durante várias horas.

Para lembrar-se de fechar as janelas

"Quem sabe a vizinhança que tem, não esquece a janela aberta." Mas é uma pena que um ditado não nos livre dos esquecimentos. O hábito de fechar as janelas deveria ser incluído em uma espécie de *check-list* mental que poderíamos chamar de "hora de sair", e nele incluiríamos vários procedimentos a ser checados antes de sair de casa. Outra dica é mentalizar que, ao abrir a porta da saída, você deverá checar se existe alguma corrente de ar passado pela porta, o que naturalmente não ocorrerá se todas as janelas estiverem fechadas. Olhar para dentro de casa e verificar se existe algum facho de luz vindo de algum cômodo também ajuda a evitar esse tipo de esquecimento. Em último caso, nada como o diálogo interno feito no ato de fechar a janela. Nesse caso, ao virar a tranca diga a si mesmo: "fechei esta janela".

Para lembrar onde escondeu um objeto

Que razões o levariam a esconder um objeto tão bem escondido? Se você está tentando responder a essa pergunta, então é provável que eu tenha provocado pensamentos em sua cabeça. Ou, em outras palavras, que eu tenha desviado sua atenção para minha pergunta.

Muitas vezes, não lembramos onde escondemos um objeto porque nossa mente estava focada no "por que esconder" e não no "onde esconder". Ou seja, no momento em que escondeu o objeto, sua atenção foi desviada para outro assunto. Resultado: você viu o local, mas não o enxergou. E se não o enxergou, não o memorizou! Outra razão possível é que quando você mantém um objeto escondido por muito tempo, justamente por fazer tanto tempo acaba esquecendo onde o colocou.

Para lembrar a localização de um objeto perdido é preciso que você tenha em mente ao menos o dia em que escondeu o objeto. Não necessariamente a data, mas o que aconteceu naquela ocasião, quais foram suas razões ou motivações para ter escondido o tal objeto. Olhe para o calendário e procure meditar um pouco sobre os acontecimentos. Qual era o dia da semana? O que fez nos períodos do dia (manhã, almoço, tarde, noite)? Por onde andou na época? Com quem esteve? Como estava se sentindo naquele dia? Ao se concentrar e interrogar sua memória como faria um detetive, você acaba se lembrando de preciosos detalhes que o ajudarão a montar o quebra-cabeça que facilitará a desejada recordação. E acabará encontrando o que procura!

Para lembrar-se de agradecer a alguém

Um dos mais nobres valores humanos é a gratidão. Agradecer as oportunidades que nos dão e os favores que nos fazem deveria ser um valor ensinado a todas as pessoas, especialmente na infância. Para se lembrar de agradecer aos outros é preciso, antes de mais nada, vestir-se com o véu da gratidão. Todos os dias, pela manhã, logo ao acordar e antes mesmo de se levantar, pratique o hábito de fazer uma breve oração, agradecendo pelo dia e também pedindo para que se lembre de agradecer às pessoas que cruzarem seu caminho.

Como você pôde ver, gatilhos de memória funcionam como o coelho que o mágico tira da cartola. Surpreende pela sutileza e marca pela força da impressão que deixa. Os gatilhos de memória seguem esta lógica: são soluções simples, sutis e que marcam pela impressão que causam em nossos neurônios. Mas, acima de tudo, os benefícios dos gatilhos de memória vão além do ato superlativo de evitar esquecimentos; eles potencializam o uso da memória e podem nos fazer experimentar uma memória quinhentas vezes melhor, como você descobrirá a seguir.

Para garantir que seu gatilho de memória seja infalível examine-o perguntando para si: "Por que vai funcionar?". Busque a resposta para essa pergunta e terá seu certificado de garantia. E garantindo que sua estratégia funcionará, você certamente estará vacinado contra os esquecimentos.

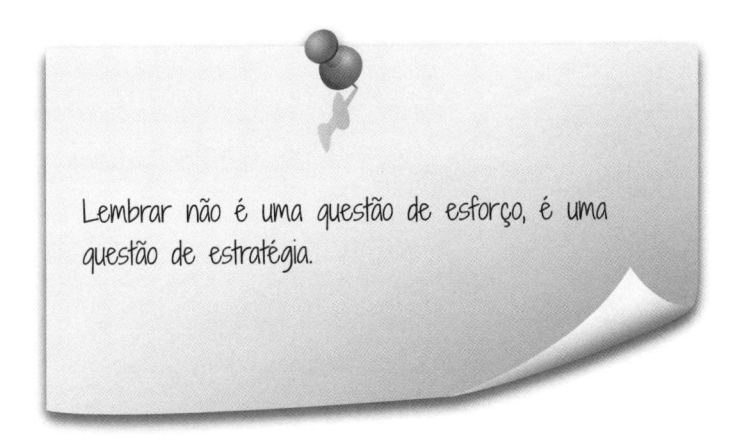

Lembrar não é uma questão de esforço, é uma questão de estratégia.

CAPÍTULO 7

O método das memórias externas

Aquela piada da rosa nos ensina mais um aspecto importante no processo de memorização e recordação: a importância do uso de memórias externas. Quando um dos personagens da piada pede ajuda ao outro perguntando o nome da flor, ele está recorrendo a uma memória externa, com o objetivo de acelerar a lembrança e não perder o contexto da conversa.

Memórias externas normalmente são utilizadas quando desejamos armazenar grande quantidade de informação, ou quando consideramos um conteúdo irrelevante para ser guardado na memória natural.

Por exemplo: você deseja memorizar uma tabela com a variação do preço dos produtos de sua empresa nos últimos seis meses. Sinceramente, será mais útil guardar esses dados em uma planilha em seu *tablet* ou computador. Não quero dizer que seja impossível memorizar uma tabela, pois com algumas revisões você se lembraria facilmente de todos os dados. O que estou sugerindo é uma utilização simultânea da memória externa e de sua memória natural. Fazendo isso você poupa um tempo precioso, que poderá ocupar com outras coisas prioritárias. Nesse contexto, a memória externa será absolutamente útil.

Reconheçamos: é muito melhor programar o alarme do celular para nos lembrar de ir ao médico na terça-feira às 17 horas que passar a semana toda repetindo "consulta terça-feira, consulta terça-feira...". Nesse caso, pelo fato de ser uma tarefa descartável, o uso do dispositivo externo pode evitar a fadiga mental gerada pela preocupação e repetição desnecessária.

Veja, a seguir, alguns exemplos em que memórias externas podem ser usadas perfeitamente em conjunto com a memória natural.

Para lembrar datas de aniversários

Conheci uma senhora que usava um método bem interessante para lembrar o dia do aniversário de seus familiares. Todo início de ano, durante as festas comemorativas, logo depois do almoço ela pegava um calendário novo e nele anotava a data de aniversário de todos os parentes e amigos. Era um ritual que se repetia todos os anos. Para garantir o estímulo da memória natural, ela colocava o calendário na porta da geladeira. Todas as manhãs, uma de suas primeiras atividades era checar a data e descobrir se havia algum aniversariante no dia. O segredo daquela senhora para lembrar todas as datas de aniversário estava no hábito de ler o calendário, ou seja, de consultar a memória externa, e, com isso, reforçar a memória natural.

Deixar calendários disponíveis em locais estratégicos, como o espelho do banheiro, a porta de geladeira ou o *desktop* de computador faz que você tome consciência da data em que está vivendo. Fazendo isso, automaticamente estimula a memória e está sempre revisando os eventos importantes.

Para lembrar compromissos

Para lembrar compromissos assumidos com outras pessoas como, por exemplo, levar seu filho ao torneio de futebol da escola, monte um calendário de compromissos familiares. Todas as manhãs, durante o café da manhã, promova com a família uma leitura coletiva dos compromissos e organize-se para que nada seja esquecido.

Esquecer-se de consultar uma agenda é o cúmulo do esquecimento, concorda? O problema é que algumas pessoas conseguem realizar essa proeza. Anotam alguns lembretes na agenda, outros no celular, outros no computador ou em pedaços de papel espalhados pela casa e pelo escritório. Essa quantidade de memórias externas pode gerar confusão e provocar o efeito contrário, isto é, os esquecimentos. Nesse caso, o ideal é adotar um único mecanismo para a organização dos compromissos: a agenda de papel ou a eletrônica. Entenda: se você fizer da agenda seu principal instrumento de trabalho, dificilmente vai se esquecer de consultá-la.

Para lembrar-se de pagar contas e receber pagamentos

Uma ótima dica para se lembrar de pagar contas fixas como água, luz, telefone e cartão de crédito é deixar tudo em débito automático. Fazendo isso, você elimina essa preocupação de sua mente, deixando-a livre para lembranças mais importantes.

Para não esquecer as demais contas, o ideal é organizá-las em um local específico de contas a pagar. Pode ser em uma gaveta de sua escrivaninha ou prancheta pregada próxima à mesa de trabalho. O melhor local é aquele com o qual você tenha contato diário, assim, todos os dias poderá checar os vencimentos.

Como último recurso, programe o pagamento em sua agenda eletrônica e faça soar o alarme quando ainda estiver a tempo de separar as contas para levar consigo ao local de pagamento.

Pode parecer impossível, mas conheço muitas pessoas, e até empresários, que se esquecem de receber contas. O que explica esse descuido é o excesso de preocupações, problemas a resolver e até mesmo a desorganização, que fazem passar despercebidos os créditos junto aos devedores.

A melhor solução, nesse caso, é usar as mesmas regras de quem tem contas a pagar. Imprima uma folha com o nome, a data de vencimento e o valor que deve ser recebido e coloque essa folha organizada por data junto com as contas a pagar. Ao verificar diariamente suas contas, encontrará também aquelas que precisa receber.

Se você se esqueceu de receber de alguém e já passou determinado tempo, não arque com esse prejuízo. Ligue para a pessoa se desculpando pelo esquecimento e gentilmente cobre o que lhe é de direito, ou envie uma mensagem a ela explicando que está precisando daquele valor.

Para lembrar números de telefones

Para a memorização de números de telefone (e para diversas outras memorizações) você também pode fazer que o uso da memória externa potencialize a memória natural.

Antigamente, quando as pessoas precisavam ligar para alguém, consultavam uma caderneta onde constavam, anotados à mão, nomes e telefones dos contatos. Ao consultar essa caderneta, recebiam três estímulos sensoriais: visão (ao ler o número de telefone), audição (ao repeti-lo várias vezes) e tato (ao discar ou digitar o número). O resultado de tamanha estimulação é que muitas pessoas conseguiam ter todos os contatos da agenda gravados na memória natural.

Hoje, as ligações telefônicas se resumem ao deslizar de dedos na tela de um celular. Com isso, perdemos o contato com o numeral do telefone. Resultado? Pessoas têm mais dificuldade de gravar números. Para evitar essa armadilha, quando for ligar para alguém, antes de consultar a agenda do celular desafie sua memória tentando lembrar o número ou, pelo menos, uma parte dele.

Se não lembrar, não há problema. Abra a lista de contatos de seu celular e faça exatamente o que as pessoas faziam antigamente, isto é, estimule sua visão olhando para o número atentamente, ative sua audição, repetindo-o com máxima lucidez, e estimule o tato, digitando o número com atenção. Fazendo isso, você começará a transferir, sem esforço, todos os contatos do celular para sua memória, conciliando memória natural com alta tecnologia.

Para lembrar-se de telefonar para alguém

Se você tem de se lembrar de retornar um telefonema de um cliente, concentre-se e diga mentalmente: "Preciso retornar um telefonema para fulano às 15 horas". Em seguida, crie uma imagem mental declarando que todas as vezes que usar o telefone vai se lembrar do horário do telefonema. Fazendo isso com atenção, você estará formando e fortalecendo a memória e usando a memória externa como gatilho. Resultado: todas as vezes que consultar o celular para ver as horas ou checar mensagens, vai se lembrar do telefonema.

Para lembrar todas as etapas de uma tarefa

Você já terminou uma tarefa e, no final, ficou sentindo que estava faltando algo? Então, saiba que provavelmente estava faltando mesmo. A sensação de estar esquecendo algo é a voz de seu subconsciente alertando. Ele memorizou, conhece todas as etapas que você deveria cumprir para a execução de uma tarefa e, como anda de mãos dadas com a memória, pôde identificar uma falha facilmente.

Para esses casos, o ideal mesmo é dar ouvidos ao alerta de seu subconsciente, voltar e checar detalhadamente a tarefa que realizou. Um *check-list* pode facilitar bastante esse processo. *Check--list* é uma lista de itens que deve ser checada antes ou depois da elaboração de uma tarefa.

Sabemos que mesmo as tarefa complexas, mas rotineiras, acabam sendo gravadas detalhadamente pela memória, e isso pode ser uma armadilha. Muita rotina permite que a mente se distraia. Nessas ocasiões, o *check-list* é recomendado. É sua lista de conferência. Você vai se certificar de que realmente realizou todas as etapas de uma tarefa e evitar esquecimentos usando essa memória externa.

Em todos esses exemplos de uso de memórias externas como auxiliares da memória natural vale a mesma recomendação: primeiro você memoriza, ou pelo menos tenta memorizar, a tarefa com sua memória natural, e só depois constrói memórias externas, mas sempre com muita atenção. Agindo assim, você terá duas memórias preparadas para vencer qualquer esquecimento e garantir uma mente tranquila para atender a outras demandas de seu dia.

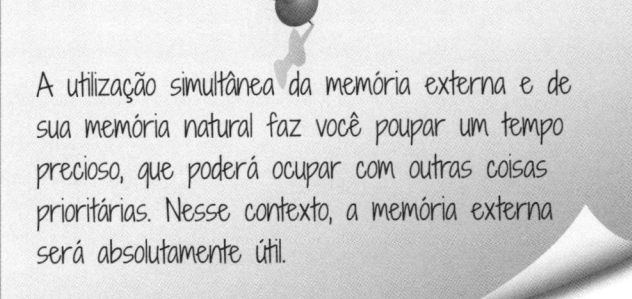

> A utilização simultânea da memória externa e de sua memória natural faz você poupar um tempo precioso, que poderá ocupar com outras coisas prioritárias. Nesse contexto, a memória externa será absolutamente útil.

CAPÍTULO 8

Memória quinhentas vezes melhor

Existe uma excelente memória em você. O melhor caminho para acessar esse potencial é saber usá-la. Nossa atitude diante das tarefas, das pessoas ou dos compromissos determina a intensidade do processo de concentração e memorização.

Em geral, memorizamos com facilidade e em detalhes tudo aquilo que consideramos importante. É o que denominamos memória seletiva.

Veja, no exemplo a seguir, como somos capazes de ampliar nosso poder de foco e memorização quando o estímulo é realmente importante. Compare os dois cenários:

Cena 1: Você está atarefado, realizando suas atividades no trabalho. O telefone toca. É o gerente do banco telefonando para lhe informar que existem algumas novidades no pacote de serviços de sua conta. Ele gostaria que você fosse até a agência na próxima segunda-feira, às 14h35, quando ele lhe explicará as novidades. Responda sinceramente: Qual é a probabilidade de você se lembrar desse compromisso? Provavelmente baixa ou praticamente nula, não é?

Cena 2: Você está atarefado, realizando suas atividades no trabalho. O telefone toca. É o gerente do banco informando que você foi contemplado com um prêmio. O valor do prêmio é tão alto que quita todas as suas dívidas e ainda sobra dinheiro para você ficar alguns anos sem trabalhar. Para receber o prêmio, basta que você compareça à agência bancária na próxima segunda-feira às 14h35. E agora, qual é a probabilidade de você se lembrar desse compromisso? Bem alta, concorda?

Multiplique a potência de sua memória

A memória é uma função do cérebro humano, como já vimos. Os cinco sentidos captam, a mente seleciona e o cérebro, por meio das funções da memória, grava ou descarta as informações. Esse é o funcionamento básico.

Existem algumas situações, porém, em que as funções da memória são potencializadas e levadas ao limite da qualidade, tanto no grau de retenção quanto no de recordação. Essas situações são aquelas que nos surpreendem, aguçando, despertando nosso interesse, provocando emoções como curiosidade, entusiasmo, alegria ou motivação.

Motivação é um estado mental que se ativa todas as vezes que a mente identifica um claro motivo para a ação. Nesse caso, a mente dispara comandos em forma de estímulos elétricos e reações químicas, que colocam não apenas os sentidos e os músculos em ação, mas também funções nobres, como atenção, raciocínio, memória e recordação.

Nos picos de motivação que experimentamos diariamente, a qualidade de nossas ações são potencializadas, e nossos resultados são, muitas vezes, inacreditáveis. Quando estamos motivados, raciocinamos melhor, criamos, inovamos e experimentamos novas soluções. Concentramo-nos mais e memorizamos mais quando estamos motivados.

Ao receber do gerente do banco a inesperada notícia da premiação, como no exemplo, o cérebro é inundado por uma enxurrada de dopamina, estímulos elétricos, vozes internas e quadros mentais com um cunho emocional tão positivo que a memorização daquele momento se torna uma urgência para o cérebro.

Entenda: A qualidade da informação foi um estímulo que, ao ser interpretado pelo cérebro, gerou uma motivação para acessar a memória e tornar a experiência inesquecível. Anos mais tarde, talvez em uma conversa em uma roda de amigos, você pode ser capaz de narrar detalhadamente o dia em que recebeu a notícia da tal premiação.

Por isso, se quiser um remédio poderoso para a memória, invista em motivação! Invista na capacidade de se automotivar por meio de pensamentos positivos em relação a sua memória.

Suas crenças moldam sua memória

Richard Bandler e John Grinder, os criadores da PNL, fizeram um estudo com mais de 16 mil pessoas de sucesso, dentre elas empresários, políticos, artistas e estudantes, e descobriram que existia um elemento em comum que era o grande responsável pelo sucesso delas. Eles notaram que todas aquelas pessoas pensavam de maneira parecida, e particularmente positiva.

O corpo e todas as funções fisiológicas daquelas pessoas reagiam exatamente a um modo positivo de pensar. O raciocínio, as ideias, o foco e a memória eram potencializados por pensamentos, ou seja, segundo eles, "o pensamento positivo gerava um comportamento de mais recursos". A qualidade de sua memória está intimamente ligada a seu modo de pensar, e seu modo de pensar está ligado a suas crenças.

As crenças moldam os pensamentos e os pensamentos mudam o comportamento. Tudo que você conquistou, as pessoas que estão a seu lado, seus bens materiais, seus títulos honoríficos, enfim, tudo que você tem é resultado de um modo especifico de pensar. Tudo. Inclusive os resultados que você obtém com sua memória.

Veja um exemplo: Duas pessoas aguardam sentadas na recepção de um consultório. Uma delas, que vou chamar de Selma, está ali para se consultar sobre problemas de memória. A outra, Angélica, está apenas aguardando. Selma foi orientada pela recepcionista a aguardar na recepção e, durante a espera, prestar atenção e memorizar detalhadamente tudo que estivesse ao redor: detalhes das mobílias, as cores das paredes, os quadros, aparelhos eletrônicos, o piso, o teto, janelas, luminárias, as pessoas do local, enfim, tudo que estivesse ao alcance de seus olhos deveria entrar também em sua memória. Para Angélica, pediu apenas que aguardasse, e nada mais.

Passado um tempo, ambas foram chamadas para uma entrevista, na qual o médico, sabendo o que havia se passado na recepção, entregou folhas em branco e pediu que descrevessem detalhadamente a recepção do consultório.

Adivinhe qual das duas entregou o relatório mais detalhado? É claro, foi Selma. E era exatamente ela que estava ali para se consultar por problemas de memória. Então, o que aconteceu? É simples: ela recebeu a orientação de usar a memória e acreditou que poderia fazer isso, sem duvidar. E, evidentemente, conseguiu.

> As situações em que as funções da memória são potencializadas e levadas ao limite da qualidade são aquelas que nos surpreendem, aguçando, despertando nosso interesse, provocando emoções como curiosidade, entusiasmo, alegria ou motivação.

Muitas vezes, queixamo-nos de falta de memória, de esquecimentos, mas, na verdade, o que falta é um pouco de motivação. Se você acredita que sua memória não é especial, então os resultados de sua memória não serão especiais. Se você acredita que já passou de certa idade e por isso sua memória entrou em declínio, saiba que é exatamente isso que vai experimentar. Se você acha que a quantidade de informações que recebe diariamente é muito para a memória processar, então vai criar uma dependência das memórias artificiais.

Acredite e confie em você

É comum dizermos que as crianças possuem uma ótima memória. Isso realmente é verdade, e a estratégia delas é viver no presente, como já disse. Viver no presente é criar um ambiente saudável para que a mente capte, o cérebro selecione e a memória grave o que é importante e descarte as sobras.

Convide uma criança para brincar de memorizar o nome dos jogadores de futebol das duzentas figurinhas que ela coleciona. Você encontrará um cérebro disposto a encarar a tarefa e se divertir com ela.

Faça o mesmo convite a seu colega de trabalho, propondo memorizar o nome dos duzentos principais clientes da empresa, e encontrará uma mente fechada, disposta, talvez, a sacar uma desculpa baseada na quantificação: "Você está louco".

A mente julgadora limita o papel da memória. Deixe-me contar-lhe um segredo: boa memória não é questão apenas de saúde, de técnicas e de exercícios, mas de crença. Se for para pensar algo a respeito da memória, pense positivo, pense que é possível, que você é capaz.

Na infância de uma criança islamita existe a fase da memorização do Alcorão, o livro sagrado do Islã. Crentes de estar memorizando palavras de Deus reveladas ao profeta Maomé, as crianças iniciam disciplinadamente um processo de memorização total do livro, que é constituído por 114 capítulos, com cerca de 6.600 versículos.

Na China, a escrita e a leitura do mandarim, seu idioma, são feitas por meio de símbolos chamados ideogramas. Para uma comunicação satisfatória são utilizados cerca de 12 mil ideogramas. Para memorizar essa quantidade de informação, as crianças começam bem cedo, quando ainda não sabem quantificar. Elas não julgam, apenas confiam totalmente na memória.

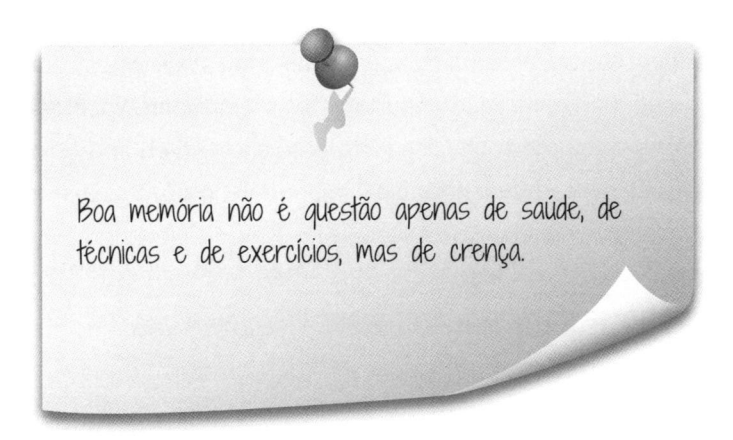

> Boa memória não é questão apenas de saúde, de técnicas e de exercícios, mas de crença.

Confiança é uma das chaves da memória, e a boa notícia é que essa palavra não precisa habitar apenas o mundo infantil.

Aos 82 anos de idade, a atriz Fernanda Montenegro é um ícone da boa memória no meio artístico. Participa de novelas, encena peças de teatro, concede entrevistas e faz comerciais. Em suas mãos pousam dezenas de folhas com texto que, disciplinadamente, são enviadas uma a uma para sua treinada memória.

Na mesma faixa etária também há nomes como Tarcísio Meira, Glória Menezes, Stênio Garcia, apresentadores como Silvio Santos e Jô Soares, e tantos outros atores e estrelas de TV. São milhares os idosos, conhecidos ou anônimos, que celebram perfeitamente a parceria longevidade-lucidez. Sob os mesmos holofotes também há professores, pesquisadores, políticos, empresários, padres, pastores e profissionais de todas as áreas.

Reconheçamos: existe boa memória após os 40 anos e a confiança é um dos segredos desse sucesso. "Valorize maturidade e ignore a idade", dizem os sábios. Procure fazer da maturidade uma aliada, buscando na memória as melhores respostas, mas também não se feche para o mundo moderno. Posicione-se sempre como aprendiz, não importa o quão experiente você seja. Mantenha sempre a curiosidade aguçada e a memória ativa. Fazer escolhas baseadas no passado é importante, claro, mas manter-se confiante e presente é essencial!

Previna-se para esquecer menos

Se você é um profissional e vive uma rotina estressante, saiba que esse estilo de vida é prejudicial à memória, e por isso deve fazer muita prevenção. Evite contrair dívidas, entrar no cheque especial, assumir tarefas e compromissos que imagina que não conseguirá cumprir, pois isso pode aliviar, e muito, a pressão em seu consciente, e, consequentemente, em sua memória. Manter relacionamentos abertos, sinceros, éticos e saudáveis, evitando acumular frustrações e mentiras evita a limitação de seus atos junto a outras pessoas.

Se for estudante, não deixe acumular as matérias a estudar, nem estude na última hora. Ao prevenir, você mantém o controle da situação, estuda com mais tranquilidade, consegue raciocinar melhor e afastar os fantasmas do esquecimento.

Outra forma de prevenir problemas com sua memória é controlar a ansiedade. Você a controla mantendo a mente no presente, neutralizando preocupações antecipadas e desnecessárias. Por exemplo: se o resultado de uma apresentação que fará logo mais o deixa preocupado, então faça seu melhor neste exato momento, para que, no final, dê tudo certo. Se a prova de certificação da semana que vem o deixa ansioso, que tal cancelar o encontro com os amigos, abrir o livro e estudar mais? Se um problema com um colega de trabalho ficou mal resolvido, o que acha de chamá-lo para dialogar, entrar em um acordo? Fazendo isso você certamente conduzirá suas tarefas com mais tranquilidade, permitindo que a mente abasteça a memória com maior riqueza de detalhes.

Decida o que entra em sua memória

O foco é produto do pensamento. Foco é uma motivação, é uma escolha, é resultado do modo de pensar. Você é quem deve escolher em que prestar atenção. Você tem o poder de decidir o que entra em sua memória. Lembrar-se de apagar as luzes ao sair, pôr o lixo na rua, desligar a televisão, fechar a torneira, dar carona a alguém são exemplos de tarefas simples, rotineiras que exigem apenas um pouco de foco e talvez alguma técnica para que sejam lembradas e realizadas.

Eu tive uma infância pobre. Minha mãe me ensinou que era preciso economizar. Esquecer luzes acesas, por exemplo, era uma falta grave que sempre rendia uma bronca e uma ordem: "Levante-se e vá apagar a luz que você esqueceu acesa". Esquecido trabalha em dobro! Essa lição eu também aprendi bem cedo, e foi por meio dessa lição, ou motivação, que me condicionei a levantar a mão ao sair de qualquer cômodo e, sem ao menos pensar, já ir apagando as luzes.

Temos de concordar que quando algo é realmente importante, criamos um jeito de lembrar, seja por necessidade, por prazer ou comprometimento com uma causa. É fato que, quando precisamos, mantemos vigilância cerrada e potencializamos a memória.

Se você estacionar seu carro à noite em um local deserto, escuro e suspeito, certamente se lembrará de trancar as portas, de acionar o alarme e, de quebra, de dar uma volta ao redor do veículo para verificar se todas as portas e janelas foram bem fechadas.

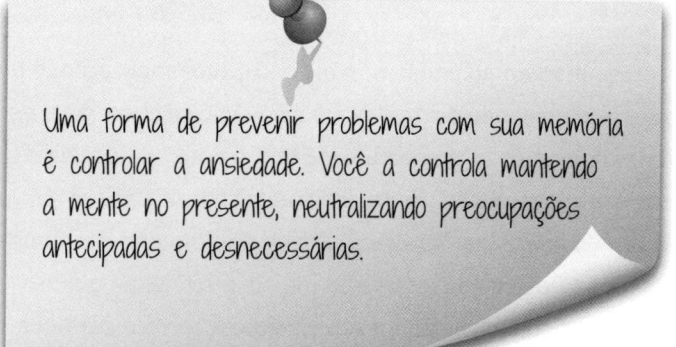

Uma forma de prevenir problemas com sua memória é controlar a ansiedade. Você a controla mantendo a mente no presente, neutralizando preocupações antecipadas e desnecessárias.

Sua memória é sua maior parceira, é seu cofre mais seguro, e você deseja que ela seja cada vez mais eficiente. Pensar positivo, escolher o foco e ter motivos para prestar atenção nas tarefas tornarão sua memória muito superior. Motivação é o melhor remédio para a memória. Manter a consciência no presente, respirar lenta e profundamente, lançar um olhar atento ao redor, disciplinar a mente para focar os detalhes são condicionamentos positivos que, com uma boa dose de disciplina, podem se sedimentar.

CAPÍTULO 9

Mantenha em alta seu poder de memorizar

Para deixar sua memória cada vez mais afiada você precisa manter a disposição de seu cérebro para aceitar novos desafios. Para isso, deve aproveitar todas as oportunidades que surgirem para colocar sua máquina interna para funcionar.

A raça de cachorros border colie, também conhecido como cão pastor, é a considerada mais inteligente. Um border colie treinado é capaz de memorizar até trezentos comandos do adestrador. É um cão extremamente trabalhador e também a raça mais submissa ao dono. Um border colie é capaz de ficar horas olhando para seu dono, à espera de um comando, de uma ordem, de uma tarefa. Assim como um boder colie, nosso cérebro também gosta de desafios. Ele foi preparado para ser estimulado para que sua rede neural cresça e se fortaleça cada vez mais. Por isso, veja a seguir algumas maneiras de manter seu poder de memorização em alta.

Ensine mais para lembrar mais

Quanto mais você ensina, mais você aprende. Este é o lema dos profissionais e estudantes de sucesso. A comprovação de que conseguiu memorizar algo acontece quando você tenta explicá-lo. Se você participou de uma reunião, assistiu a uma aula, viu um filme, leu um documento importante, então, recomendo que explique o que aprendeu. Imagine-se ou tente dar uma aula. Se conseguir citar todos os detalhes e cobrir todo o assunto, significa que a memória foi consolidada, e o que você aprendeu será lembrado por muito tempo. O sucesso, nesse caso, foi o fato de ter vasculhado sua memória logo após o aprendizado. A iniciativa de tentar explicar o que acabou de apreender faz que suas conexões de neurônios se expandam e você grave o conteúdo por mais tempo, na memória de médio prazo, e, com algumas revisões, por um longo período.

Faça perguntas e seja curioso

Você deve saber que a recordação depende da memorização e que a memorização é potencializada pelo interesse, pela curiosidade. Quanto mais você pergunta, mais aprende, e quanto mais aprende, mais memoriza! Esse é o conselho dos filósofos e dos cientistas.

Na empresa, ao receber uma tarefa, tente perguntar, na medida do possível, tudo que for necessário saber para realizá-la. Em sala de aula, seja curioso, pergunte ao professor, ouça as respostas com atenção. Agindo assim você elimina as dúvidas e abastece sua memória corretamente.

Quando for visitar um local fora do convencional, como um museu, ou passear por locais históricos, pegue um guia bem informado, dê-lhe uma gorjeta. É um pequeno investimento que garante sair do local com a memória estimulada e bem abastecida.

Converse com sua memória

Quando você pergunta, sua memória responde. As perguntas são deliciosos estimulantes para recordação e fortalecimento da memória. Toda vez que estimula a memória tentando se lembrar de algo você fortalece aquela recordação. Quero lhe apresentar seis perguntas que o podem ajudar a se lembrar facilmente de qualquer assunto memorizado. São perguntas inspiradas em um método chamado Lead, muito comum entre os jornalistas. São elas:

1. O quê?
2. Quem?
3. Quando?
4. Onde?
5. Como?
6. Conclusão?

Elas nos remetem, respectivamente, a um fato (o quê), personagem (quem), tempo (quando), lugar (onde), modo (como) e conclusão. Usá-las como método de reforço de memória é muito simples.

Por exemplo, você foi assistir a uma palestra e aprendeu coisas importantes para usar em seu trabalho. Para consolidar esse novo aprendizado em sua memória, proceda respondendo detalhadamente às seis perguntas, como se você fosse um jornalista transmitindo uma informação:

- O que tratava a palestra?
- Quem era o personagem principal e outros citados?
- Quando aconteceram os fatos apresentados?
- Onde ocorreram?
- Como foi o desenrolar dos tópicos abordados?
- Qual foi a conclusão?

Você pode experimentá-las com qualquer tema, por exemplo, em uma aula de Geografia, tratando o tema globalização. Logo após a explicação do professor o aluno poderia tentar responder:

- O que é globalização?
- Quem (quais) são os países mais e menos adeptos à globalização?
- Quando aconteceu a globalização?
- Onde?
- Como foi o processo de abertura de mercado nos países globalizados?
- Qual a conclusão?

Percebe o potencial dessas seis perguntas? Experimente com outros temas de seu interesse: aulas, filmes, reuniões, textos. Note como ao término do abastecimento da memória, ao conversar por alguns instantes com ela você promove um grande exercício para seu cérebro.

Descomplique sua vida

Uma atividade complexa requer a lembrança de detalhes, e uma execução complicada pode gerar esquecimentos. Dessa maneira, em tarefas realmente importantes meu conselho é que, se existir uma forma de resolver problemas complexos com soluções simples, então prefira sempre essa opção.

Pessoas centralizadoras estão mais sujeitas aos esquecimentos. O que ocorre é que o acúmulo de tarefas exige que elas sejam realizadas com pressa, sem o cuidado de fazer e depois conferir.

Eu acabara de entrar no elevador de um luxuoso hotel em São Paulo. Logo depois, entraram dois cariocas. Um deles apertou o botão de acesso ao andar, mas não acendeu. Ele apertou novamente, e nada. Então, o amigo lhe explicou que ele deveria primeiro inserir, em um local acima dos botões, o cartão magnético que também servia como chave do quarto, e só depois apertar o botão do andar. O primeiro, perplexo com a complexidade do procedimento adotado para acionar o elevador, disparou: "Isso só pode ser coisa de paulista. Se pode complicar, para que facilitar?".

Apesar de ser paulista, não tiro a razão de nossos vizinhos fluminenses. A vida deles certamente seria mais simples se bastasse apertar um botão, como na maioria dos elevadores. A complexidade exige mais tempo e atenção, e atenção demanda energia. Por isso, simplifique sempre, e sua memória agradecerá!

Diminua a sobrecarga de tarefas

Suspender algumas atividades, delegar algumas tarefas e cancelar compromissos que não são realmente importantes são decisões que fazem que a sobrecarga de tarefas diminua e você consiga respirar profundamente e relaxar. Dedicar-se a algumas poucas atividades que sejam realmente importantes para você proporciona aumento de foco e maior qualidade em sua realização.

Ao delegar tarefas, lembre-se de fazer a confirmação do que foi atribuído. A confirmação é uma verificação feita logo após a atribuição da tarefa. Por exemplo, se você pediu a um funcionário para fazer um levantamento das notas ficais emitidas no período de 11 a 16 de dezembro de um determinado ano, e que contenham produtos do lote número 3413, quando terminar de delegar a tarefa, chame a atenção de seu funcionário dizendo gentilmente: "Bom, se você entendeu, por favor, explique-me o que acabei de lhe pedir. Vamos garantir que você memorizou e que não terá dúvidas no processo de execução".

Esse processo de confirmação pode ser aplicado a você mesmo, caso tenha sido quem recebeu uma incumbência. Ao delegar e confirmar, você estará garantindo a fixação dos detalhes em sua memória e a qualidade da execução da tarefa, pois não sofrerá com esquecimentos.

Revise os fatos importantes

Durante o dia você se deslocou, conheceu pessoas, tratou de negócios, respondeu a mensagens, realizou tarefas, trabalhou, assistiu aos noticiários, enfim, abasteceu intensamente sua memória. Agora, tenho uma proposta a lhe fazer: que tal manter esse conteúdo em sua memória por um tempo prolongado e disponível para quando precisar lembrar em detalhes tudo o que fez? Esse é o poder da revisão! Revisar o conteúdo aprendido fortalece a memória e facilita a recordação. Ao final do dia, escolha um momento especial para investir na revisão. Pode ser durante o banho, durante aquela gostosa espreguiçada na cadeira da varanda, enfim, em um momento de introspecção.

Pense nos assuntos de que tratou, nos detalhes das conversas e nos lugares em que esteve. Concentre-se mais nos fatos positivos que deseja lembrar e ignore lembranças dos momentos ruins, uma vez que isso pode deprimir. Tente apenas extrair aprendizado dos eventos negativos ou ignorá-los de vez. Procure reforçar seus pontos positivos e tudo o que deu certo. No futuro, quando precisar rever esses eventos, terá uma lembrança muito mais nítida. Fazendo revisões estratégicas você manterá as lembranças sempre acessíveis e poderá usá-las quando precisar, com rapidez e segurança.

Faça e confira

É prática comum nos centros cirúrgicos que, logo após o término de uma cirurgia, se faça uma conferência por meio da contagem do instrumental utilizado. O procedimento visa a garantir que nenhum bisturi, tesoura ou atadura tenha sido esquecido em lugar inadequado, como dentro do corpo do paciente, por exemplo. Toda atividade complexa, que envolve grandes riscos, pede uma conferência ao término de sua execução.

No dia a dia, tal conduta também pode ser adotada para evitar esquecimentos e prejuízos. Ao terminar de preparar o cardápio, verifique se desligou todos os acendedores do fogão. Se levou o carro ao conserto, abra o capô e verifique se o mecânico deixou tudo em ordem e se retirou todas as ferramentas do veículo (eu já encontrei um alicate no motor de meu carro). Ao redigir um contrato, espere alguns minutos e depois leia-o em voz alta, conferindo novamente todas as cláusulas.

Ser disciplinado e adotar o hábito de fazer e conferir faz com que você ganhe rapidez e segurança nas tarefas. Além disso, você garante tranquilidade e a certeza de não estar esquecendo nada.

Busque estímulos diferentes

A memória gosta de novos estímulos. Memorizamos intensamente aquilo que é curioso, que desperta nossa vontade de saber mais detalhes. Sair da rotina, fazer um percurso diferente, mudar a tela de fundo e a aparência do computador, ouvir um som diferente, fazer novas amizades, rever amigos que não encontrava há anos, estudar um assunto que nunca estudou, mudar uma mesa de lugar são algumas sugestões de novos estímulos que o ajudarão a quebrar a rotina, formar novas conexões e deixar sua memória preparada para sair da zona de conforto e registrar novidades.

Faça palavras cruzadas

Como se chamam os brincos típicos das ciganas? Qual é o nome do galo ainda jovem? Qual a profissão de Ana Botafogo? Essas perguntas foram extraídas de uma atividade de palavras cruzadas. Suas respostas são: argolas, frango e bailarina, respectivamente.

Agora, deixe-me fazer uma pergunta: há quanto tempo você não pensava em brincos de argola, ciganas ou em um frango? Qual foi a última vez que você escreveu a palavra bailarina? É bem provável que faça muito tempo, não é?

O jogo do tipo palavras cruzadas é um poderoso exercício para a memória porque nos faz lembrar, de modo completamente aleatório, informações que não acessávamos há muito tempo.

Pessoas que fazem uso frequente das palavras cruzadas podem se beneficiar com o ganho de raciocínio e memória mais rápidos. Para que as palavras cruzadas estimulem a memória, o ideal é dar preferência pelas versões mais fáceis, pois o número de informações lembradas será maior, sendo esse o objetivo do treino: lembrar bastante. Evite as versões com nível de dificuldade maior, afinal, palavras cruzadas não são um "passarraiva", mas um passatempo.

Leia mais de cinquenta livros por ano

A leitura é uma das melhores fontes de exercício para a memória. Bons livros abastecem a memória com novos conhecimentos, promovendo uma cascata de reações químicas no cérebro e, consequentemente, novas conexões de neurônios e associações de ideias.

Escolha um horário adequado (recomendo sempre no início do dia, porque sua mente está descansada e receptiva) e crie o hábito de ler vinte páginas por dia. Em um mês terá lido seiscentas páginas, ou seja, a média de quatro livros, que, multiplicado por doze correspondem a 48. Ao criar uma rotina e um hábito de leitura, verá, como aconteceu comigo e com muitas outras pessoas que adotaram essa meta, que sempre passará das vinte páginas, ou seja, estará lendo mais de cinquenta livros por ano.

A transferência do conteúdo do livro para a memória também envolve e estimula os processos de recordação, tornando o raciocínio mais ágil na busca por palavras específicas em seu cada vez mais amplo vocabulário. A leitura é a refeição farta para uma mente ávida por conhecimento.

Escreva mais

A Academia Brasileira de Letras está repleta de fontes de inspiração para quem anseia por uma memória privilegiada. São escritores, poetas, autores com 60, 70, 80, 90 anos de idade e completamente lúcidos.

A atividade que exercem é a mais intensa para a memória humana. Escrever exige grande atividade mental e envolve diretamente as funções da memória. Para produzir um bom texto com cerca de cinquenta palavras uma verdadeira tempestade de ideias ocorre dentro de sua cabeça. A mente lança seus estímulos vasculhando todos os departamentos da memória buscando palavras, expressões, experiências, comparando, associando, incluindo, excluindo, selecionando e pinçando o que pode ser utilizado no texto. Esse turbilhão de estímulos mantém nosso cérebro vivo e a memória afiada.

Tudo bem, talvez você não tenha a pretensão de se tornar um imortal da Academia Brasileira de Letras, mas tenha em mente este conselho: escrever é o mais completo exercício para a memória. Assim, da próxima vez que redigir um texto, faça-o com capricho e estará oferecendo a sua memória uma deliciosa malhação cerebral.

> Para deixar sua memória cada vez mais afiada você precisa manter a disposição de seu cérebro para aceitar novos desafios. Para isso, aproveite todas as oportunidades que surgirem para colocar sua máquina interna em funcionamento.

CAPÍTULO 10

Você, campeão de memorização

De acordo com a neurociência, a capacidade de armazenamento da memória humana não tem limites. Para você chegar ao ponto de esgotar sua memória teria de estudar dez horas por dia ao longo de trezentos anos, para lotar seu cérebro com informações. Por isso, saiba: a capacidade de memorização humana é praticamente inesgotável.

Por isso, a diferença entre você e um campeão de memorização, que vence campeonatos de memória, não é a capacidade de armazenamento, mas a técnica e a velocidade. Portanto, se a capacidade da memória humana é inesgotável, se não há o que expandir ou ampliar, então, o que sobra para aperfeiçoar? A velocidade!

Os estudos mostram que o tempo médio gasto por um ser humano para acessar informações devidamente gravadas na memória é de 250 milésimos de segundo. Isso é incrível. Significa que, uma vez memorizado, em menos de um segundo você consegue lembrar qualquer coisa. Se sua memória foi bem abastecida, então, pode ter certeza: ela será mais rápida e mais segura que qualquer dispositivo eletrônico existente.

A psicologia cognitiva mostrou que uma pessoa comum consegue reter na memória, sem esforço, uma sequência de sete palavras ou um número de oito dígitos. Já uma pessoa com a memória bem treinada consegue dez vezes isso ou mais. Em outras palavras, com uma memória fortalecida com as técnicas mnemônicas e com a adoção de bons hábitos você consegue ter uma memória infinitas vezes melhor.

Nos campeonatos de memória, é comum haver provas de memorizar o nome de cem pessoas. Os jurados sabem que todos os competidores conseguirão memorizar os cem nomes, e que todos completarão a prova. Sendo assim, qual é o critério da competição? Ganha a prova quem memorizar mais rápido.

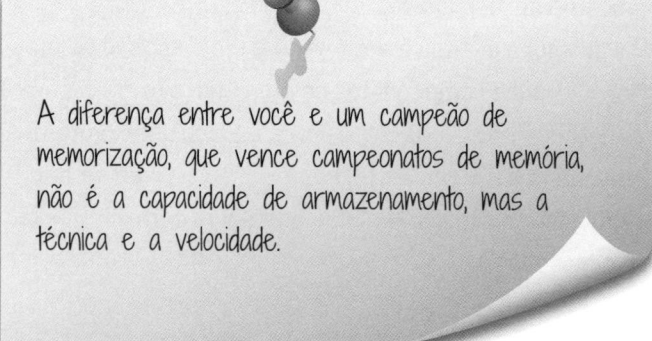

> A diferença entre você e um campeão de memorização, que vence campeonatos de memória, não é a capacidade de armazenamento, mas a técnica e a velocidade.

Seguindo esse raciocínio, você deve concordar que pode se inscrever em um campeonato de memória com grandes chances de ocupar uma boa colocação. Basta apenas começar a aplicar os métodos deste livro. E, à medida que for aplicando os métodos, sua memória ficará tão rápida quanto a minha ou a de qualquer campeão. Por isso, lembre-se: boa memória é memória rápida!

Depois de tudo que mostrei neste livro, você já deve ter percebido que o melhor remédio para a memória é, definitivamente, usá-la. É como uma academia de ginástica: quanto mais a pessoa se exercita, mais forte, rápida e resistente ela fica.

Tenha a memória como sua melhor amiga. Ela é o cofre mais seguro, não duvide disso. E para ter esse privilégio, você deve se aproximar novamente de sua memória, de suas funções naturais, envolvê-la nas tarefas, estimular, memorizar, revisar, até o momento em que a energia se expandirá e você será capaz de lembrar tudo que quiser.

Esquecer também faz parte

Diariamente, precisamos lembrar milhares de informações essenciais para conduzir nossas tarefas, a vida social, pessoal, acadêmica, religiosa, e para seguir com nossos trabalhos. Esquecer uma ou outra informação não deve ser encarado como um problema de memória, necessariamente. Muitas vezes, é apenas um descuido de nossa parte, e nada que uma simples e boa estratégia de recordação não possa resolver.

Quando somos jovens, não nos preocupamos se vamos memorizar ou não uma experiência. Não nos preocupamos com a memória. Simplesmente nos entregamos às experiências, confiamos que iremos lembrar e memorizamos. Tenha confiança em sua memória, use as estratégias certas nos momentos adequados e você não vai se arrepender.

Mas saiba: às vezes, é preciso esquecer para lembrar. Todos os dias, recebemos milhares de informações por intermédio de nossos sentidos e também aquelas geradas como produto de nossos pensamentos e divagações. Se nos lembrássemos de cada som, cada imagem ou sensação, gastaríamos uma energia mental absurda, o que nos levaria à estafa e, quem sabe, até à loucura.

Por isso, um mecanismo de proteção da mente é o esquecimento daquilo que não é necessário lembrar. Mantenha o foco naquilo que é realmente importante para você. O que não importa, deixe de lado, que seu cérebro saberá o que fazer.

Uma boa memória transforma a vida!

Daqui para a frente, quando você for apertar o botão de salvar de algum dispositivo eletrônico ou desejar anotar algum dado importante, algo dentro de você perguntará: "É mesmo necessário salvar essa informação? Não será mais útil memorizar?". Essa é a voz de sua consciência transmitindo o apelo de sua memória. Um alerta para que você entre em contato com suas funções naturais e não dependa tanto das memórias artificiais.

Outro dia, meu celular caiu enquanto eu atravessava correndo uma rua. Um ônibus passou por cima dele. Eu teria perdido todos os meus contatos ou, como dizem muitas pessoas, "toda minha vida", não fosse o hábito que criei de memorizar números de telefone. É nesses momentos que devemos agradecer à memória. Uma boa memória tem um valor incalculável.

Meu entusiasmo em relação à memória não deve ser visto como um incentivo para que você abandone seus dispositivos eletrônicos. Sei que na lista de contatos de seu *smartphone* é possível guardar milhares de telefones. Então, proponho que você estabeleça um convívio pacífico entre seus aparelhos eletrônicos e sua memória natural.

É apenas uma questão de tomar a decisão correta, de aplicar bem a técnica e de confiar, e esses atributos, agora, estão a seu alcance. Até aqui você aprendeu diversos hábitos e técnicas de memorização que certamente transformarão sua memória, e, com ela, sua vida.

As técnicas são simples, seguras e permitirão memorizar simultaneamente centenas de informações. Inclua também a adoção de hábitos saudáveis como atividade física, boa alimentação, sono e a certeza de que existe uma boa memória dentro de você. O resultado é uma memória cada vez mais poderosa e admirada por você e por outras pessoas também.

Viva plenamente todas as etapas de sua vida: infância, juventude, velhice. Passe por todas as experiências possíveis, faça todos os cursos que desejar, viaje para todos os lugares, leia centenas de livros e ainda não terá usado nem um terço de sua capacidade. Portanto, não tenha medo de quantidade de informação e aceite memorizar tudo que for necessário.

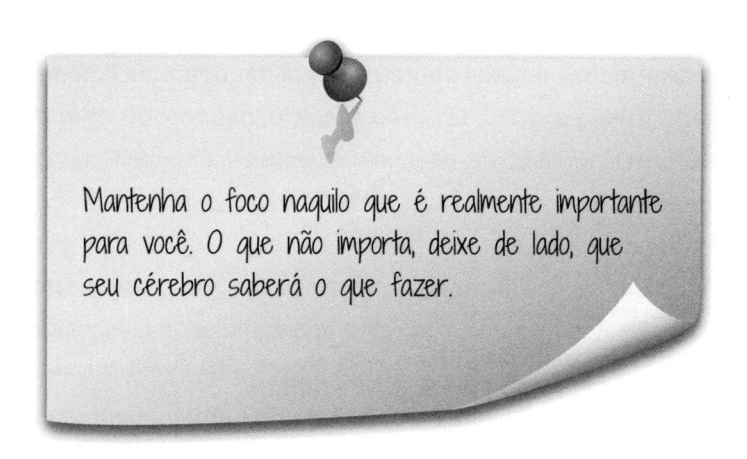

> Mantenha o foco naquilo que é realmente importante para você. O que não importa, deixe de lado, que seu cérebro saberá o que fazer.

Sua memória é melhor do que você imagina, e uma das formas de consolidar o conhecimento adquirido nas páginas deste livro é explicar o que você aprendeu em detalhes aos amigos. "Quanto mais você ensina, mais você aprende", já foi dito aqui. Se você conseguir explicar detalhadamente uma teoria, um hábito ou regra, significará que esse conteúdo ficou registrado em sua memória.

Então, aproveite todas as oportunidades que encontrar e fale com seus amigos sobre este livro, sobre seu novo método de lembrar as coisas. Motive as pessoas a utilizar a memória com inteligência. Mostre a elas, pelo exemplo, que é possível e necessário valorizar suas capacidades genuínas. Surpreenda as pessoas com seu poder de memorização.

Agora que você está terminando, proponho que presenteie outras pessoas com este livro. Ajude outras pessoas a se livrar dos esquecimentos e leve qualidade de vida ao máximo de pessoas que conseguir. Lugar de livros não é na biblioteca, muito menos na estante de uma livraria. Lugar de livro é nas mãos das pessoas para promover revoluções. O mundo precisa disso.

Mostre para seus amigos, parentes e colegas que é possível conseguir aquela boa memória que, para muitos, estava adormecida. Investir em sua memória foi uma das melhores decisões que você tomou. Quando olhar para trás, vai ver que cuidar da memória foi uma experiência muito valiosa.

Mesmo que tirem tudo de você, seu computador, seu celular, sua câmera digital, seu HD externo, mesmo que você perca o acesso a todos os dados, ainda assim será capaz de dar a volta por cima com sua memória, seu cofre seguro, seu legítimo patrimônio. É a ela que você deve confiar o que sabe, e isso fará toda a diferença.

Assim que fechar este livro, olhe ao seu redor e lembre-se da pergunta fundamental: *O que posso fazer para lembrar?*

Faça bom uso dessas ferramentas e me mande notícias de seus sucessos!

Um abraço!

Renato Alves
renatoalves@renatoalves.com.br

Este livro foi impresso pela Gráfica Rettec
em papel offset 75g em fevereiro de 2024.